Die Erfindung
des Untergangs des Denkens

Erkenntnis, Errungenschaft und Stagnation

Eine Betrachtung

von

Lutz Spilker

DIE ERFINDUNG DES UNTERGANGS DES DENKENS
ERKENNTNIS, ERRUNGENSCHFT UND STAGNATION

Bibliografische Information der Deutschen Nationalbibliothek:
Die Deutsche Nationalbibliothek verzeichnet diese Publikation in der Deutschen
Nationalbibliografie; detaillierte bibliografische Daten sind im Internet über http://dnb.dnb.de
abrufbar.

Softcover ISBN: 978-3-384-47145-1
Ebook ISBN: 978-3-384-47146-8

© 2024 by Lutz Spilker
https://www.webbstar.de
Druck und Distribution im Auftrag des Autors:
tredition GmbH, An der Strusbek 10, 22926 Ahrensburg, Germany

Inhalt

Kein Vormarsch ist so schwer wie der zurück zur Vernunft.

Bertolt Brecht

Bertolt Brecht (Künstlername seit Juli 1916; auch Bert Brecht), eigentlich Eugen
Berthold Friedrich Brecht (* 10. Februar 1898 in Augsburg; † 14. August 1956 in Ost-
Berlin), war ein einflussreicher deutscher Dramatiker, Librettist und Lyriker des 20.
Jahrhunderts. Seine Werke werden weltweit aufgeführt. Brecht hat das epische Theater
beziehungsweise ›dialektische Theater‹ begründet und umgesetzt. Zu seinen bekanntesten
Stücken zählen ›Die Dreigroschenoper‹, ›Mutter Courage und ihre Kinder‹ sowie das
kapitalismuskritische Werk ›Die heilige Johanna der Schlachthöfe‹.

Vorwort

Die Menschheit, jene selbsternannte Krönung der Schöpfung, blickt auf eine beeindruckende Geschichte von Errungenschaften, Fortschritt und Innovation zurück. Doch je weiter wir in der Zeit voranschreiten, desto deutlicher wird, dass uns dieser Fortschritt in eine paradoxe Situation geführt hat: Eine Welt, in der das Denken selbst – jene einzigartige Fähigkeit, die uns über alle anderen Lebewesen erhebt – zu stagnieren droht. Diesem Phänomen gilt das vorliegende Werk.

Über Jahrtausende hinweg hat sich der Mensch als kreatives, reflektierendes und innovatives Wesen bewiesen. Die Entdeckung des Feuers, die Erfindung des Rades, die Entwicklung der Schrift – alles Meilensteine, die das Fundament unserer modernen Gesellschaft bildeten. Doch diese beeindruckende Reise ist nicht frei von Schattenseiten. Mit jeder neuen Errungenschaft schienen wir uns ein Stück weiter von unserer eigentlichen Essenz zu entfernen. Der Fortschritt, einst ein Motor für Neugierde und Erkenntnis, ist zunehmend zum Selbstzweck geworden. Der Mensch hat gelernt, die Welt um sich herum zu formen, doch dabei hat er versäumt, sein eigenes Denken zu pflegen und zu kultivieren.

Dieses Buch ist eine Einladung, innezuhalten und einen Blick auf den Zustand des menschlichen Geistes zu werfen. Es soll weder belehren noch anklagen, sondern vielmehr dazu anregen, die Mechanismen zu hinterfragen, die uns an diesen Punkt gebracht haben. Wie konnte es geschehen, dass Dekadenz, Bequemlichkeit und eine allumfassende Sorglosigkeit unser Denken gelähmt haben? Warum haben wir die Freiheit, die wir uns über Jahrhunderte erarbeitet haben, in eine Illusion verwandelt? Und was können wir tun, um aus diesem Stillstand auszubrechen?

Die Kapitel dieses Buches sind sorgfältig strukturiert, um den Leser Schritt für Schritt durch die Komplexität dieses Themas zu führen. Wir beginnen mit einem Blick in die Vergangenheit, um die Wurzeln des Denkens und die Ursprünge seiner Lähmung zu verstehen. Von dort aus wenden wir uns den politischen, gesellschaftlichen und technologischen Entwicklungen zu, die uns an den heutigen Scheideweg geführt haben. Jeder Abschnitt wird dabei versuchen, nicht nur Symptome zu analysieren, sondern auch die tiefer liegenden Ursachen aufzudecken. Denn nur, wenn wir die Wurzeln des Problems erkennen, können wir einen Weg in die Zukunft finden.

Dieses Buch versteht sich als ein Plädoyer für das Denken selbst – nicht für das blinde Wiederholen von Informationen, sondern für die Kunst der Reflexion, des Zweifelns und des Fragens. Es soll ermutigen, den Blick über den Tellerrand zu wagen und die Grenzen des Gewohnten zu hinterfragen. Denn das Denken ist nicht nur ein Werkzeug, um Probleme zu lösen. Es ist der Kern dessen, was uns als Menschheit ausmacht. Und wenn wir diesen Kern verlieren, verlieren wir weit mehr als nur unseren Fortschritt. Wir verlieren uns selbst.

Der rote Faden dieses Buches ist die Hoffnung, dass es nicht zu spät ist. Dass wir trotz aller Stagnation und Lähmung die Fähigkeit besitzen, uns zu erneuern. Dass wir die Kraft finden, unsere Errungenschaften nicht als Endpunkt zu betrachten, sondern als Sprungbrett für neue Horizonte. Und dass wir erkennen, dass der wahre Fortschritt nicht in der Beherrschung der Welt liegt, sondern in der Pflege und Weiterentwicklung unseres Geistes.

Lassen Sie uns gemeinsam diese Reise antreten – eine Reise, die uns nicht nur zu den Grenzen des menschlichen Denkens führt, sondern auch darüber hinaus.

Einleitung: Die Erosion des Denkens

Es liegt in der Natur des Menschen, nachzudenken. Zu reflektieren, zu hinterfragen, zu analysieren und daraus Erkenntnisse zu gewinnen, ist nicht nur ein Privileg, sondern eine Verpflichtung, die uns über alle anderen Wesen erhebt. Doch in einer Welt, die von ununterbrochenem Fortschritt, technologischer Dominanz und sozialer Bequemlichkeit geprägt ist, hat sich etwas Fundamentales verändert. Das Denken selbst, dieser Motor der Menschheit, gerät ins Stocken. Die Ursachen und Auswirkungen dieses intellektuellen Stillstands sind ebenso vielfältig wie alarmierend. Diese Einleitung soll einen Überblick geben – eine Bestandsaufnahme, bevor wir tiefer in die Materie eintauchen.

Die Ursachen des Stillstands

Die erste und offensichtlichste Ursache ist der Fortschritt selbst. Paradoxerweise hat der Mensch durch seine Errungenschaften die Grundlage für die Stagnation seines Denkens geschaffen. Automatisierung und Digitalisierung haben unser Leben bequemer gemacht, doch sie haben uns auch der Notwendigkeit beraubt, kritisch und kreativ zu denken. Warum sollte man eine Problemlösung durchdenken, wenn eine App dies in Sekundenbruchteilen übernehmen kann? Warum sollte man über gesellschaftliche Fragen reflektieren, wenn die sozialen Medien ständig Meinungen und Antworten liefern?

Hinzu kommt die Fülle an Informationen, die in der modernen Welt jederzeit verfügbar ist. Statt Klarheit zu schaffen, führt diese Informationsflut zu einer Überforderung, die das Denken eher blockiert als fördert. Der Mensch wird von der Masse an Daten überwältigt, und der Drang, alles zu verarbeiten, führt zu Oberflächlichkeit. Tiefe Reflexionen werden zugunsten schneller Urteile geopfert.

Ein weiterer Faktor ist die Dekadenz der modernen Gesellschaft. In einer Welt, in der Grundbedürfnisse wie Nahrung, Unterkunft und Sicherheit für viele Menschen selbstverständlich geworden sind, fehlt oft der Anreiz, weiter zu denken. Bequemlichkeit und Wohlstand haben eine Kultur der Passivität geschaffen, in der das Streben nach tieferem Verstehen durch oberflächliche Zerstreuung ersetzt wird.

Die Auswirkungen der Denkstagnation

Die Konsequenzen dieses Stillstands sind weitreichend. Zunächst einmal hat der Verlust des kritischen Denkens massive Auswirkungen auf die Gesellschaft. Populismus und Desinformation gedeihen in einem Umfeld, in dem Menschen bereitwillig oberflächliche Erklärungen akzeptieren, anstatt sie zu hinterfragen. Wer nicht kritisch denkt, ist anfällig für Manipulation – sei es durch politische Agenden, wirtschaftliche Interessen oder ideologische Strömungen.

Darüber hinaus wird die Wissenschaft, einst das Bollwerk gegen Ignoranz und Vorurteile, selbst Opfer dieses Trends.

Ohne den Anreiz, innovativ zu denken, stagniert auch der wissenschaftliche Fortschritt. Wo früher bahnbrechende Entdeckungen gemacht wurden, gibt es heute oft nur noch inkrementelle Verbesserungen. Die großen Fragen bleiben unbeantwortet, weil es an Mut und Vision fehlt, sie zu stellen.

Auf individueller Ebene führt der Stillstand des Denkens zu einem Verlust von Sinn und Zweck. Das Leben wird zur Abfolge von Routinen, unterbrochen durch Momente flüchtiger Zerstreuung. Ohne das Streben nach Erkenntnis und Verstehen fehlt dem Menschen ein zentraler Bestandteil seiner Identität. Die Folge ist eine zunehmende innere Leere, die oft durch Konsum, Ablenkung oder gar destruktive Verhaltensweisen kompensiert wird.

Ein Weckruf

Diese Einleitung ist ein Weckruf. Sie soll nicht nur die Problematik des intellektuellen Stillstands aufzeigen, sondern auch das Bewusstsein dafür schärfen, wie tiefgreifend die Folgen dieser Entwicklung sind. Das Denken ist kein Luxus, den man sich nur in Zeiten von Muße leisten kann. Es ist die Grundlage für Fortschritt, Freiheit und Menschlichkeit.

Die Erosion des Denkens ist kein unausweichliches Schicksal. Es ist eine Krise, die wir bewältigen können, wenn wir bereit sind, uns ihrer bewusst zu werden und sie aktiv anzugehen. Dieses Buch soll dazu beitragen, die Mechanismen hinter dieser Erosion zu verstehen und Wege aufzuzeigen, wie wir das Denken – und damit uns selbst – wiederbeleben können.

Die Reise, die vor uns liegt, mag anspruchsvoll sein, doch sie ist von entscheidender Bedeutung. Lassen Sie uns gemeinsam die Ursachen und Auswirkungen der Denkstagnation erkunden, um schließlich den Weg in eine Zukunft zu finden, in der das Denken wieder seinen rechtmäßigen Platz einnimmt – als das Herzstück der Menschlichkeit.

Der Ursprung der Ideen:
Von Glauben zu Wissen

Es ist eine der faszinierendsten Fragen der Menschheitsgeschichte: Wie hat der Mensch begonnen, seine Welt zu verstehen? Der Ursprung unserer Ideen, die uns von einfachen Werkzeugen zu den Gipfeln der Wissenschaft geführt haben, liegt in einem Zusammenspiel von Glauben und Wissen – zwei Konzepten, die auf den ersten Blick widersprüchlich erscheinen, jedoch untrennbar miteinander verbunden sind. Um die Entwicklung von Glauben zu Wissen zu verstehen, müssen wir uns auf eine Reise in die tiefste Vergangenheit der Menschheit begeben.

Der Glaube als erstes Erklärungsmodell

Der Homo sapiens ist ein Wesen der Vorstellungskraft. Schon in den frühesten Epochen, als unsere Vorfahren in den Schatten von Höhlen lebten und den Kampf ums Überleben führten, war der Glaube eine der ersten Methoden, die Welt zu ordnen und zu begreifen. Natürliche Phänomene wie Donner, Feuer oder Tod waren Rätsel, die nach Erklärung verlangten. Der Mensch begann, diesen unerklärlichen Ereignissen eine Bedeutung zuzuweisen, und erschuf damit die ersten Mythen.

Diese Mythen dienten nicht nur der Erklärung der Welt, sondern auch der Bewältigung von Angst und Unsicherheit.

Ein Götterwesen, das für die Fruchtbarkeit des Bodens verantwortlich war, oder ein Geist, der die Jagdglück brachte, gaben den Menschen das Gefühl von Kontrolle in einer ansonsten chaotischen Welt. Die Geschichten, die sie erzählten, halfen, ihre Gemeinschaften zu festigen und ihre Kultur zu formen. Der Glaube war somit nicht nur ein Erklärungsmodell, sondern auch ein Werkzeug zur sozialen Stabilität.

Der erste Schritt in Richtung Wissen

Mit der Zeit begann sich jedoch etwas zu verändern. Die Neugier des Menschen, die ihn dazu trieb, Muster in der Natur zu erkennen, legte den Grundstein für das, was wir heute als Wissen bezeichnen. Der Übergang war fließend. Die Beobachtung von Sternenkonstellationen, die zu frühen Kalendern führte, oder die Entwicklung von Werkzeugen, die auf Erfahrung und Experimenten basierten, waren die ersten Schritte hin zu einem systematischen Verständnis der Welt.

Doch der Weg vom Glauben zum Wissen war kein geradliniger. Vielmehr war er von Rückschlägen, Missverständnissen und Konflikten geprägt. Die frühen Wissenschaftler – ob sie nun Heiler, Astronomen oder Philosophen waren – mussten oft gegen den Widerstand ihrer Zeitgenossen ankämpfen, die ihre Weltbilder nicht hinterfragen wollten. Der Glaube war tief verwurzelt und bot Sicherheit, während das Wissen Unsicherheiten und neue Fragen aufwarf.

Die Geburt der Wissenschaft

Einen entscheidenden Wendepunkt stellte die Antike dar. In den großen Zentren wie Athen, Alexandria oder Babylon begann sich das Denken von den Mythen zu lösen. Philosophen wie Thales, Pythagoras oder Aristoteles suchten nach natürlichen Erklärungen für die Phänomene der Welt. Sie legten den Grundstein für die Wissenschaft, wie wir sie heute kennen.

Doch auch hier blieb der Glaube nicht vollkommen außen vor. Vielmehr entwickelte sich eine Symbiose: Der Glaube lieferte oft den Antrieb für die wissenschaftliche Neugier. Die Suche nach dem *Warum* – sei es in der Natur, im Kosmos oder im menschlichen Geist – war tief in den religiösen Vorstellungen verwurzelt. Viele der frühen Wissenschaftler waren zugleich Priester oder Gläubige, die ihre Studien als Mittel betrachteten, um die Schöpfung besser zu verstehen.

Missverständnisse und Konflikte

Trotz dieser frühzeitlichen Annäherung blieben Konflikte zwischen Glauben und Wissen nicht aus. Diese Spannungen erreichten ihren Höhepunkt in der Neuzeit, als bahnbrechende Entdeckungen wie die kopernikanische Wende oder die Evolutionstheorie die traditionellen Glaubenssysteme infrage stellten. Der Mensch begann, die Welt nicht mehr durch die Augen der Götter, sondern durch die Linse der Wissenschaft zu sehen. Doch dieser Wandel war alles andere als harmonisch.

Die Konflikte entstanden oft aus Missverständnissen. Der Glaube wurde als Hindernis für den Fortschritt dargestellt, während das Wissen als Bedrohung für die Tradition empfunden wurde. Dabei übersahen beide Seiten, dass sie denselben Ursprung hatten: das menschliche Verlangen nach Erkenntnis.

Ein unvollendeter Prozess

Heute, im Zeitalter der Information und Technologie, könnte man meinen, dass der Übergang vom Glauben zum Wissen abgeschlossen ist. Doch das wäre ein Trugschluss. Der Mensch ist nach wie vor ein Wesen, das glaubt und wissen will. Die Herausforderung besteht darin, beide Aspekte miteinander in Einklang zu bringen. Der Glaube an Ideen, Visionen und Werte ist ebenso unverzichtbar wie das Streben nach wissenschaftlicher Klarheit.

Dieses Kapitel soll verdeutlichen, dass der Weg vom Glauben zum Wissen kein geradliniger Fortschritt ist, sondern eine fortwährende Wechselwirkung darstellt. Der Ursprung unserer Ideen liegt in dieser Dualität, und nur durch das Verständnis dieser Dynamik können wir die Zukunft gestalten. Der Mensch mag die Welt missverstanden haben, doch in diesem Missverstehen liegt auch die Kraft, sie immer wieder neu zu begreifen.

Die Geburt der Dekadenz

Es war eine Revolution ohne Pauken und Trompeten, eine stille, schleichende Veränderung, die die Fundamente der menschlichen Gesellschaft erschütterte: Die Geburt der Dekadenz. Sie wurde nicht durch Katastrophen oder Kriege herbeigeführt, sondern durch Wohlstand und Bequemlichkeit – zwei Errungenschaften, die als Symbole menschlichen Fortschritts gefeiert wurden, jedoch eine dunkle Kehrseite verbargen. Was als Befreiung von Not und Mühsalen begann, endete in einer subtilen, doch verheerenden Lähmung des Denkens.

Der Fluch des Wohlstands

Wohlstand war lange Zeit das ersehnte Ziel der Menschheit. Von den ersten Ackerbaugesellschaften bis zu den glänzenden Metropolen der Moderne strebte der Mensch danach, mehr zu besitzen, als er zum Überleben brauchte. Nahrung, Kleidung, ein Dach über dem Kopf – was einst als genügend galt, wurde zum Minimum, zum Ausgangspunkt für immer neue Ambitionen. Doch mit dem wachsenden Wohlstand kehrte sich das Verhältnis zwischen Mensch und Welt um. Statt in einer Welt zu leben, die er verstand und gestaltete, fand sich der Mensch in einer Überflussgesellschaft wieder, deren Regeln und Strukturen er nicht mehr hinterfragte.

Die Segnungen des Wohlstands brachten Sicherheit, doch sie führten auch zu einem Verlust der Dringlichkeit, Fragen zu stellen. Warum sollte man nach den Sternen greifen, wenn die Erde so bequem geworden ist? Warum sollte man sich mit den Widrigkeiten der Natur auseinandersetzen, wenn Technologie sie zu bändigen scheint? Wohlstand erstickte die Neugier, die einst die treibende Kraft des menschlichen Geistes war, und ließ eine Gesellschaft zurück, die sich im Status quo eingerichtet hatte.

Bequemlichkeit:

Der Feind des Denkens

Bequemlichkeit ist der Zwilling des Wohlstands. Sie versprach, das Leben einfacher und angenehmer zu machen, doch sie trug einen hohen Preis. In einer Welt, in der Maschinen denken und arbeiten, blieb dem Menschen nur die Rolle des Konsumenten. Der Fortschritt, der ihm einst die Möglichkeiten gab, Großes zu schaffen, machte ihn passiv, abhängig von den Technologien, die er selbst entwickelt hatte.

Die Bequemlichkeit löste den Menschen von seinen Wurzeln. Wo früher harte Arbeit, Risiko und Erfindungsgeist notwendig waren, um die Herausforderungen des Lebens zu meistern, genügen heute ein Klick, ein Anruf, ein automatisierter Prozess. Diese Erleichterung ist nicht ohne Folgen. Sie hat das Denken selbst verändert. Die Mühe, etwas zu hinterfragen, die Ausdauer, ein Problem zu analysieren, und die Kreativität,

Lösungen zu finden, wurden durch eine oberflächliche, oft mechanische Geisteshaltung ersetzt.

Der Kreislauf der Dekadenz

Wohlstand und Bequemlichkeit verstärken sich gegenseitig in einem Kreislauf, der schwer zu durchbrechen ist. Jede neue Innovation, die das Leben erleichtert, trägt dazu bei, die Denkfaulheit weiter zu verfestigen. Jede Errungenschaft, die Unabhängigkeit verspricht, führt zu neuer Abhängigkeit. Es ist ein Prozess, der sich selbst nährt und dabei das Fundament dessen untergräbt, was die Menschheit einst groß gemacht hat: ihre Fähigkeit, zu reflektieren, zu lernen und sich weiterzuentwickeln.

Doch die Geburt der Dekadenz ist kein unausweichliches Schicksal. Sie ist das Ergebnis von Entscheidungen – individuellen, gesellschaftlichen und historischen. Wohlstand und Bequemlichkeit sind keine Feinde per se. Sie sind Werkzeuge, die mit Bedacht und Verantwortung genutzt werden könnten, um den Geist zu bereichern, anstatt ihn zu erdrücken. Die Herausforderung besteht darin, die Balance zu finden: zwischen Komfort und Anstrengung, zwischen Sicherheit und Risiko, zwischen der Welt, die wir geschaffen haben, und der Welt, die wir uns erträumen.

Ein Plädoyer für den Aufbruch

Die Geburt der Dekadenz war ein leiser, schleichender Prozess, doch ihr Erbe ist unübersehbar. Die Denkfaulheit, die aus Wohlstand und Bequemlichkeit erwuchs, ist eine Herausforderung, die nicht ignoriert werden kann.

> Dieses Kapitel soll nicht nur die Mechanismen dieses Prozesses aufzeigen, sondern auch dazu anregen, darüber nachzudenken, wie wir ihm entgegentreten können.

Die Menschheit steht an einem Scheideweg. Wird sie den Weg der Bequemlichkeit weitergehen und dabei riskieren, ihren intellektuellen Kern zu verlieren? Oder wird sie den Mut finden, sich den Herausforderungen des Denkens zu stellen und die Dekadenz zu überwinden? Die Antwort auf diese Fragen wird darüber entscheiden, ob der Mensch weiterhin als kreatives, reflektierendes Wesen bestehen kann oder ob er in seiner eigenen Bequemlichkeit untergeht.

Die Geburt der Dekadenz war vielleicht unvermeidlich, doch ihr Fortbestehen ist es nicht. Die Werkzeuge, um aus diesem Kreislauf auszubrechen, liegen in unseren Händen. Es ist an der Zeit, sie zu nutzen.

Die Trägheit der Demokratie

Die Demokratie, oft gefeiert als die Krönung politischer Errungenschaften, ist ein System, das in seiner Theorie von großartiger Eleganz und menschlicher Weisheit zeugt. Sie verspricht Gleichheit, Mitbestimmung und eine Balance der Macht. Doch in der Praxis zeigt sich, dass dieselben Mechanismen, die sie stärken sollen, sie zugleich lähmen. Die Demokratie ist ein Paradoxon: Sie lebt von ihrer Offenheit, wird aber durch ihre eigene Komplexität und die Trägheit ihrer Prozesse behindert. Besonders in modernen Gesellschaften, in denen die Anforderungen an politische Systeme exponentiell gewachsen sind, wird diese Trägheit zu einer Bremse für Fortschritt und Innovation.

Die Versprechen und die Realität

Die Demokratie basiert auf einem einfachen, aber kraftvollen Prinzip: der Herrschaft des Volkes. Jeder Einzelne hat das Recht, an den Entscheidungen teilzuhaben, die das Gemeinwohl betreffen. Doch in der Praxis ist diese Idealisierung oft schwer zu verwirklichen. Politische Systeme, die auf Konsens und Kompromiss beruhen, neigen dazu, Entscheidungen in die Länge zu ziehen, bis sie nahezu wirkungslos werden. Der Prozess der Mitbestimmung, der an sich demokratisch ist, wird zu einem Hindernis, wenn er von Eigeninteressen, Ideologien und Bürokratie überlagert wird.

Die Bürokratie ist dabei nicht nur ein unvermeidlicher Bestandteil der Demokratie, sondern auch eine ihrer größten Schwächen. Ursprünglich geschaffen, um die Gleichbehandlung aller zu gewährleisten und Willkür zu verhindern, hat sie sich zu einem Labyrinth aus Regeln und Vorschriften entwickelt, das oft mehr Energie darauf verwendet, sich selbst zu erhalten, als die Gesellschaft voranzubringen. Der Versuch, jede Entscheidung abzusichern und jedes Risiko zu minimieren, führt zu einem Stillstand, der Innovationen blockiert und die Dynamik der Gesellschaft ausbremst.

Fortschritt im Fadenkreuz der Trägheit

Der Fortschritt ist von Natur aus disruptiv. Er fordert bestehende Strukturen heraus, bringt Unsicherheiten mit sich und verlangt nach schnellem Handeln. Die Demokratie hingegen ist ein System der langsamen Evolution. Ihre Prozesse sind darauf ausgelegt, Stabilität zu wahren und Konflikte durch Verhandlungen zu lösen. Dies steht oft im Widerspruch zu den Anforderungen, die der Fortschritt stellt. Neue Technologien, gesellschaftliche Veränderungen oder globale Herausforderungen können nicht warten, bis die demokratischen Mühlen ihre Arbeit getan haben. Doch genau das verlangt das System.

Ein weiteres Problem ist die Kurzsichtigkeit politischer Entscheidungen. In einer Demokratie, in der Macht durch Wahlen in regelmäßigen Abständen erneuert wird, sind Politiker oft mehr daran interessiert, kurzfristige Erfolge zu erzielen, die ihre Wiederwahl sichern, als langfristige Projekte zu verfolgen, die für die Gesellschaft von großer Bedeutung wären. Diese Dynamik erzeugt eine Art politische Trägheit, bei der das Risiko, Wähler zu verlieren, höher gewichtet wird als die Chance, echten Fortschritt zu erreichen.

Die Macht der Bürokratie

Die Bürokratie ist das unsichtbare Herzstück jeder Demokratie. Sie ist der Motor, der den Alltag des Staates am Laufen hält, und gleichzeitig der Apparat, der den Fortschritt hemmt. Ihre Strukturen sind darauf ausgelegt, Stabilität zu schaffen, doch genau diese Stabilität wird zur Barriere, wenn sie den Wandel behindert.

Die Macht der Bürokratie liegt in ihrer Beständigkeit. Während Politiker kommen und gehen, bleiben die Bürokraten. Sie sind es, die die Regeln formulieren, auslegen und durchsetzen. Und da ihre Arbeit nicht direkt von Wählern beurteilt wird, fehlt oft der Anreiz, effizient oder innovativ zu handeln. Stattdessen wird der Fokus auf die Einhaltung von Vorschriften gelegt, selbst wenn diese den Fortschritt behindern.

Ein weiterer Aspekt ist die schiere Masse an Vorschriften, die in einer Demokratie entsteht. Jede neue Herausforderung führt zu neuen Gesetzen und Regelungen, die oft über Jahre hinweg bestehen bleiben, selbst wenn sie längst überholt sind. Das Ergebnis ist ein System, das sich immer weiter verkompliziert und den Wandel nahezu unmöglich macht.

Ein Balanceakt

Die Trägheit der Demokratie ist keine unumkehrbare Eigenschaft. Sie ist das Ergebnis von Entscheidungen, Strukturen und einer Kultur, die darauf abzielt, Risiken zu minimieren und Stabilität zu wahren. Doch diese Kultur kann überdacht werden. Es ist möglich, eine Balance zu finden zwischen der Notwendigkeit, die demokratischen Prinzipien zu wahren, und der Dringlichkeit, die Herausforderungen der Zukunft anzunehmen.

Eine solche Balance erfordert Mut und Vision. Es bedeutet, die Rolle der Bürokratie kritisch zu hinterfragen und sie von einem Hindernis zu einem Werkzeug des Fortschritts zu machen. Es bedeutet auch, die politischen Prozesse so zu gestalten, dass sie nicht nur die Stimmen der Mehrheit widerspiegeln, sondern auch Raum für innovative Ideen schaffen. Und es bedeutet, die Verantwortung für den Fortschritt nicht allein den gewählten Vertretern zu überlassen, sondern eine Kultur zu fördern, in der jeder Einzelne seinen Beitrag leistet.

Die Demokratie ist ein lebendiges System, das sich anpassen und entwickeln kann. Ihre Trägheit ist kein unüberwindbares Hindernis, sondern eine Herausforderung, die gemeistert werden kann.

Dieses Kapitel soll dazu anregen, über die Grenzen der Demokratie nachzudenken und Wege zu finden, sie nicht als Bremse, sondern als Motor des Fortschritts zu nutzen.

Die Illusion der Freiheit

Freiheit – ein Wort, das Hoffnung und Sehnsucht weckt, ein Versprechen, das tief in den Idealen der Menschheit verankert ist. Unter den vielen Formen der Freiheit, die wir als grundlegend betrachten, nimmt die Religionsfreiheit einen besonderen Platz ein. Sie steht als Symbol für die individuelle Autonomie und die Vielfalt der Weltanschauungen. Doch so nobel dieses Prinzip auch ist, seine Umsetzung in der realen Welt ist oft von Einschränkungen, unbemerkten Zwängen und subtilen Grenzziehungen geprägt, die es zu einer Illusion machen können.

Das verheißungsvolle Ideal

Religionsfreiheit wurde als eines der fundamentalen Rechte geschaffen, um sicherzustellen, dass jeder Mensch nach seiner Überzeugung leben kann. Es ist ein Meilenstein der menschlichen Zivilisation, ein Bollwerk gegen Unterdrückung und dogmatische Enge. In einer Welt, die oft von Konflikten zwischen Glaubenssystemen zerrissen wurde, versprach die Religionsfreiheit, eine Brücke zu schlagen und ein friedliches Zusammenleben zu ermöglichen. Sie sollte Raum schaffen für Reflexion, Diversität und Dialog.

Doch dieses Ideal ist weit davon entfernt, in seiner reinsten Form verwirklicht zu werden. Hinter der Fassade der Freiheit lauern komplexe Strukturen und ungeschriebene Regeln, die

die Wahlfreiheit oft unmerklich einschränken. Die Religionsfreiheit wird zum Schauplatz eines subtilen Machtkampfes, in dem Traditionen, soziale Zwänge und institutionelle Interessen eine dominante Rolle spielen.

Die unsichtbaren Grenzen

Ein entscheidender Aspekt, der die Illusion der Religionsfreiheit aufdeckt, ist die Prägung durch die Gesellschaft. Von Geburt an wird der Mensch in ein kulturelles und religiöses Umfeld hineingeboren, das seine Sichtweise formt und seine Entscheidungen beeinflusst. Die Taufe, die religiöse Erziehung und die Teilnahme an Glaubenspraktiken geschehen oft automatisch, ohne dass ein bewusster Entscheidungsprozess stattfindet. Viele Menschen wachsen mit dem Glauben auf, der in ihrer Region vorherrscht, und verlassen diesen kaum, nicht aus Überzeugung, sondern aus Gewohnheit oder Bequemlichkeit.

Diese Prägung erstreckt sich bis in staatliche und gesellschaftliche Strukturen. Religionsunterricht, der auf die dominierenden Glaubensrichtungen ausgerichtet ist, oder soziale Vorteile, die mit bestimmten religiösen Zugehörigkeiten verbunden sind, schaffen eine Dynamik, die die Vielfalt der Wahlmöglichkeiten faktisch einschränkt. Exotischere oder unkonventionelle Glaubensrichtungen finden oft wenig Raum, und diejenigen, die sich von etablierten Religionen abwenden, müssen häufig mit sozialer Isolation oder Missverständnissen rechnen.

Der Konflikt zwischen Tradition und Individualität

Die Religionsfreiheit stößt auch dort an ihre Grenzen, wo sie mit den tief verwurzelten Traditionen und Erwartungen der Gesellschaft kollidiert. Die Wahl einer untypischen oder unorthodoxen Religion wird nicht selten als Akt der Rebellion oder als Angriff auf die kulturelle Identität wahrgenommen. Dieser Konflikt zeigt sich besonders in konservativen Gesellschaften, in denen Religion nicht nur ein Glaube, sondern ein zentraler Bestandteil der sozialen Ordnung ist.

Selbst in liberaleren Gesellschaften bleiben unsichtbare Barrieren bestehen. Die Entscheidung, keiner Religion anzugehören, wird oft als Abkehr von der Gemeinschaft interpretiert, während der Versuch, neue oder alternative Glaubenswege zu erkunden, skeptisch beäugt wird. Die Freiheit, überhaupt keine Religion zu wählen, ist zwar formal gegeben, doch die gesellschaftlichen Reaktionen darauf können abschreckend wirken.

Die Verantwortung der Freiheit

Die Illusion der Religionsfreiheit verdeutlicht, dass Freiheit immer mit Verantwortung einhergeht. Es ist nicht genügend, ein Recht auf Religionsfreiheit zu garantieren, wenn die gesellschaftlichen Strukturen und kulturellen Prägungen dieses Recht aushöhlen. Wahre Religionsfreiheit erfordert mehr als die Abwesenheit von Zwang. Sie verlangt nach einem Umfeld, das die freie Wahl fördert, alternative Perspektiven respektiert und den Dialog zwischen unterschiedlichen Weltanschauungen aktiv unterstützt.

Darüber hinaus liegt es in der Verantwortung des Einzelnen, sich seiner Prägungen bewusst zu werden und die eigene Freiheit aktiv auszuüben. Freiheit ist kein Zustand, der gewährt wird, sondern ein Prozess, der ständig reflektiert und verteidigt werden muss. Nur durch dieses Bewusstsein können die unsichtbaren Grenzen überwunden und die Illusion durch echte Freiheit ersetzt werden.

Ein Raum für Reflexion

Die Religionsfreiheit ist eine der großen Errungenschaften der Menschheit, doch ihre Verwirklichung bleibt unvollendet.

> Dieses Kapitel soll dazu anregen, die Mechanismen zu hinterfragen, die dieses Grundrecht beeinflussen, und einen Raum für Reflexion schaffen. Es ist ein Aufruf, die Freiheit nicht als gegeben hinzunehmen, sondern sie zu hinterfragen, zu verteidigen und weiterzuentwickeln.

In einer Welt, die zunehmend von Vielfalt und Pluralität geprägt ist, ist die Herausforderung, die Religionsfreiheit von einer Illusion zu einer Wirklichkeit zu machen, drängender denn je. Die Frage ist nicht nur, ob wir frei sind, sondern wie wir diese Freiheit nutzen – für uns selbst und für die Gesellschaft, in der wir leben.

Die Macht der Routine

Die Routine ist eine jener Kräfte, die unser Leben scheinbar ordnen und erleichtern. Sie gibt uns Struktur, reduziert Unsicherheiten und ermöglicht es, den Alltag zu bewältigen, ohne ständigen Entscheidungen ausgesetzt zu sein. Doch diese vermeintlich hilfreiche Eigenschaft hat eine dunkle Seite: Sie ist eine unsichtbare Macht, die das Denken lähmt, die Kreativität erstickt und den Fortschritt bremst. In ihrer Bequemlichkeit verbirgt sich eine Gefahr, die tief in die menschliche Natur eingebettet ist und die Fähigkeit zur Innovation untergräbt.

Die trügerische Sicherheit der Gewohnheit

Der Mensch ist ein Gewohnheitstier. Von dem Moment an, in dem er morgens die Augen öffnet, folgt er einer Reihe von Mustern, die sein Leben bestimmen. Diese Muster geben Sicherheit, denn sie schaffen eine Vorhersehbarkeit in einer Welt, die ansonsten chaotisch erscheinen könnte. Doch genau diese Sicherheit ist trügerisch. Sie verführt dazu, das Bekannte über das Neue zu stellen, selbst wenn das Neue potenziell besser oder notwendig ist.

Routine ist nicht nur ein Werkzeug des Individuums, sondern auch ein Mechanismus, der in Gesellschaften tief verwurzelt ist. Traditionen, Institutionen und kulturelle Normen basieren auf wiederholbaren Mustern, die das Leben stabilisieren sollen. Doch diese Stabilität hat ihren Preis. Wenn die Gewohnheit zur unreflektierten Konstante wird, verhindert sie Veränderung. Was einmal nützlich war, wird zum Hemmnis, wenn es nicht mehr hinterfragt wird. Die Trägheit der Routine wird zur Kette, die das Denken bindet.

Die Lähmung des Denkens

Routine bringt eine Form von geistiger Faulheit mit sich. Sie reduziert die Notwendigkeit, Entscheidungen zu treffen oder kritisch zu hinterfragen. Warum sollte man ein bewährtes System ändern, wenn es funktioniert? Doch in dieser Frage liegt die Wurzel des Problems. Das Funktionieren allein ist kein Indikator für Fortschritt. Viele der größten Errungenschaften der Menschheit entstanden nicht, weil sie notwendig waren, sondern weil jemand bereit war, das Bestehende zu hinterfragen.

Die Lähmung des Denkens durch Routine zeigt sich in allen Bereichen des Lebens. In der Wissenschaft führt sie dazu, dass Forscher an etablierten Paradigmen festhalten, selbst wenn diese durch neue Erkenntnisse infrage gestellt werden. In der Politik sorgt sie dafür, dass Systeme unverändert bleiben, auch wenn sie längst ineffizient geworden sind. Und im persönlichen Leben führt sie dazu, dass Menschen an Gewohnheiten festhalten, die ihre Potenziale begrenzen und ihre Entwicklung behindern.

Innovation und der Bruch mit der Routine

Innovation entsteht dort, wo Routine endet. Sie verlangt den Mut, Gewohnheiten zu durchbrechen und das Unbekannte zu erkunden. Doch genau das macht sie so selten. Der Mensch neigt dazu, Risiken zu vermeiden und sich in der Komfortzone der Gewohnheit einzurichten. Diese Komfortzone ist ein Gefängnis, das Sicherheit bietet, aber den Blick auf neue Möglichkeiten versperrt.

Die Geschichte zeigt, dass wahre Innovation oft von Einzelnen oder kleinen Gruppen ausgeht, die bereit sind, gegen den Strom zu schwimmen. Sie sind es, die die Regeln brechen, Muster hinterfragen und neue Wege einschlagen. Doch diese Pioniere werden oft erst spät erkannt und gewürdigt, da die Gesellschaft als Ganzes dazu neigt, das Bestehende zu bevorzugen.

Ein Aufruf zur Reflexion

Die Macht der Routine liegt in ihrer Unsichtbarkeit. Sie ist so tief in unser Leben integriert, dass wir sie kaum bemerken. Doch genau deshalb ist es umso wichtiger, sie bewusst zu hinterfragen. Jede Gewohnheit, jede Tradition, jedes Muster sollte einer regelmäßigen Reflexion unterzogen werden. Warum tun wir, was wir tun? Gibt es eine bessere Art, es zu tun? Und was könnten wir erreichen, wenn wir bereit wären, die Routine zu verlassen?

Dieses Kapitel soll ein lautes Signal sein. Es fordert dazu auf, die Macht der Routine zu erkennen und ihr die Kontrolle über das Denken zu entziehen. Denn nur, wenn wir die Fesseln der Gewohnheit ablegen, können wir das volle Potenzial unserer Kreativität entfalten und die Innovation ermöglichen, die unsere Welt dringend benötigt.

Die Routine mag uns Sicherheit geben, doch wahre Freiheit liegt im Mut zur Veränderung. Lassen Sie uns diesen Mut finden und die Macht der Routine überwinden.

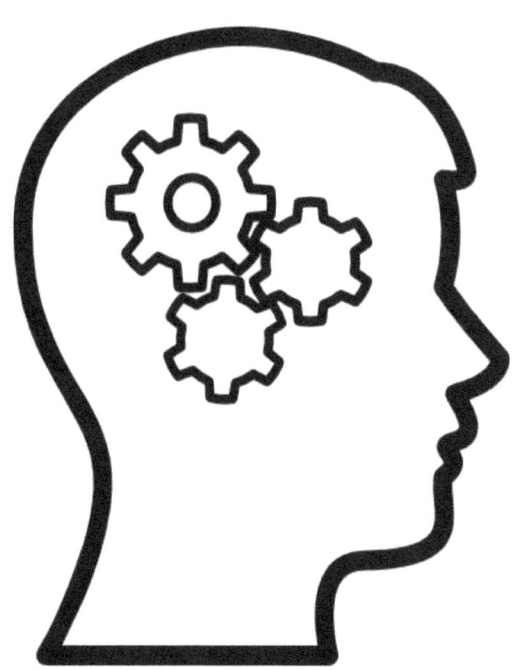

Der Einfluss der Medien

Die Medien, einst gedacht als das Fenster zur Welt, haben sich in vielerlei Hinsicht zu Spiegeln gewandelt – Spiegeln, die nicht die Welt, sondern die Interessen jener reflektieren, die sie kontrollieren. Ihre ursprüngliche Aufgabe, objektiv zu informieren und den Dialog in der Gesellschaft zu fördern, hat sich mit der Zeit verändert. Heute sind Medien nicht nur Träger von Information, sondern oft auch Werkzeuge der Meinungsmache und Manipulation. Dieser Einfluss, subtil und allgegenwärtig, hat tiefgreifende Auswirkungen auf das Denken der Menschen.

Die Verwandlung der Medienlandschaft

In ihrer Anfangszeit waren die Medien einfache Übermittler von Nachrichten. Gedruckte Zeitungen, das Radio und später das Fernsehen brachten Informationen aus der Welt in die Häuser der Menschen. Doch mit dem Fortschritt der Technologie und der Veränderung der Gesellschaft wandelte sich auch die Rolle der Medien. Aus Berichterstattern wurden Meinungsmacher, aus neutralen Quellen wurden Akteure mit eigenen Agenden.

Die Entwicklung des Internets und der sozialen Medien hat diesen Prozess beschleunigt. Plattformen, die einst als Werkzeuge der freien Meinungsäußerung gefeiert wurden, haben sich in Arenen verwandelt, in denen Desinformation,

Propaganda und Emotionen häufig die Oberhand gewinnen. Die Geschwindigkeit, mit der Informationen heute verbreitet werden, hat die Reflexion verdrängt. Der Mensch ist nicht mehr nur Empfänger von Nachrichten, sondern Teil eines gigantischen Netzwerks, in dem Fakten und Meinungen untrennbar miteinander verwoben sind.

Information als Waffe

Eine der beunruhigendsten Entwicklungen in der modernen Medienlandschaft ist die Umwandlung von Information in eine Waffe. Nachrichten werden nicht länger nur verbreitet, um zu informieren, sondern auch, um zu beeinflussen. Politische Kampagnen, wirtschaftliche Interessen und ideologische Strömungen nutzen die Medien, um ihre Botschaften zu verbreiten und die Wahrnehmung der Öffentlichkeit zu steuern.

Diese Manipulation geschieht oft auf subtile Weise. Durch die Auswahl von Themen, die Art der Berichterstattung und die Gewichtung bestimmter Aspekte wird die Wahrnehmung der Realität geformt. Ein und dasselbe Ereignis kann je nach Darstellung vollkommen unterschiedliche Emotionen und Meinungen hervorrufen. So wird die Wahrheit fragmentiert und in den Dienst von Interessen gestellt, die für den Zuschauer nicht immer erkennbar sind.

Die Macht der Meinung

Neben der Manipulation von Informationen spielt die Beeinflussung von Meinungen eine zentrale Rolle. Die Medien sind nicht länger nur Plattformen, auf denen unterschiedliche Standpunkte ausgetauscht werden. Sie sind zunehmend Akteure, die Meinungen schaffen und verstärken. Durch die Wiederholung von Botschaften, die Verstärkung bestimmter Narrative und die Unterdrückung abweichender Sichtweisen entsteht eine scheinbare Einigkeit, die das kritische Denken erschwert.

Besonders soziale Medien verstärken diese Dynamik. Ihre Algorithmen sind darauf ausgelegt, Inhalte zu präsentieren, die den Nutzer binden. Das bedeutet, dass Menschen zunehmend in Echokammern leben, in denen sie nur das hören, was sie ohnehin schon glauben. Diese Fragmentierung der Öffentlichkeit führt zu einer Polarisierung, die den gesellschaftlichen Dialog erschwert und die Denkfähigkeit untergräbt.

Die Verantwortung des Einzelnen

Der Einfluss der Medien ist nicht unausweichlich. Es liegt in der Verantwortung jedes Einzelnen, kritisch mit Informationen umzugehen und die Mechanismen der Medien zu hinterfragen. Die Fähigkeit, zwischen Fakten und Meinungen zu unterscheiden, ist eine grundlegende Kompetenz, die im Zeitalter der Manipulation unverzichtbar ist. Doch diese Fähigkeit erfordert Anstrengung und Reflexion – Tugenden, die in einer Welt der schnellen Informationen oft zu kurz kommen.

Die Medien haben eine immense Macht – eine Macht, die genutzt werden kann, um Wissen zu verbreiten und den Fortschritt zu fördern. Doch diese Macht ist auch eine Gefahr, wenn sie in den Dienst von Manipulation und Kontrolle gestellt wird.

> Dieses Kapitel soll dazu ermutigen, die Medienlandschaft nicht als unveränderliche Gegebenheit zu akzeptieren, sondern als ein Feld, in dem die Freiheit des Denkens verteidigt werden muss.

Nur durch kritisches Hinterfragen, durch die Suche nach unterschiedlichen Perspektiven und durch die bewusste Entscheidung für Reflexion über Reaktion kann der Einfluss der Medien auf das Denken entschärft werden. Die Herausforderung besteht darin, die Medien als Werkzeug der Erkenntnis zu nutzen, anstatt ihnen die Kontrolle über unsere Wahrnehmung zu überlassen.

Die Rolle der Bildung

Bildung ist der Motor des Fortschritts, das Licht, das die Dunkelheit des Unwissens erhellt. Sie formt nicht nur den Einzelnen, sondern ganze Gesellschaften. Doch ihre Geschichte ist eine Geschichte der Extreme: von einem fast vollständigen Fehlen in der Antike bis zur scheinbaren Überfüllung der Moderne. Diese Entwicklung wirft nicht nur Fragen nach der Qualität und dem Zweck von Bildung auf, sondern auch nach ihrem Einfluss auf das Denken der Menschheit.

Der Mangel an Bildung in der Antike

In der Antike war Bildung ein Privileg der wenigen. Während die breiten Massen der Bevölkerung mit den Strapazen des Überlebens beschäftigt waren, war der Zugang zu Wissen und Bildung den Eliten vorbehalten. Philosophen, Gelehrte und Schriftsteller wie Aristoteles, Platon oder Cicero prägten das Denken ihrer Zeit, doch ihre Ideen blieben einer kleinen, oft exklusiven Gruppe vorbehalten. Lesen und Schreiben galten als Künste, die nur wenigen vergönnt waren, und das Bildungssystem – sofern es eines gab – diente vor allem der Vermittlung praktischer Kenntnisse oder der Vorbereitung auf spezifische Berufe.

Dieser Mangel an Bildung hatte weitreichende Folgen. Ohne Zugang zu grundlegenden Kenntnissen blieb der größte Teil der Bevölkerung im Status quo gefangen, unfähig, das Bestehende infrage zu stellen oder zu verbessern. Es waren die wenigen Gebildeten, die die Gesellschaft prägten, oft ohne Rücksicht auf die Bedürfnisse oder Perspektiven der breiten Masse. Bildung war nicht nur ein Privileg, sondern ein Machtinstrument.

Die Emanzipation durch Bildung

Die Aufklärung brachte einen tiefgreifenden Wandel. Mit der Verbreitung des Buchdrucks und der Idee, dass Wissen ein universelles Gut sein sollte, begann ein Prozess der Demokratisierung der Bildung. Schulen und Universitäten wurden gegründet, und das Lesen und Schreiben wurde zunehmend als grundlegendes Recht anerkannt. Die Industrialisierung verstärkte diesen Trend, da sie eine gebildete Arbeitskraft erforderte.

Doch diese Expansion der Bildung brachte auch neue Herausforderungen mit sich. Während die Grundlagen wie Lesen, Schreiben und Rechnen für alle zugänglich wurden, blieben die höheren Ebenen der Bildung weiterhin einer Elite vorbehalten. Zudem entstand eine neue Form der Bildung, die weniger auf kritisches Denken und mehr auf Funktionalität ausgerichtet war. Bildung wurde zum Werkzeug der Wirtschaft, und ihre Rolle als Mittel zur intellektuellen Emanzipation trat in den Hintergrund.

Die Überforderung der Moderne

In der modernen Welt hat Bildung eine nahezu allgegenwärtige Präsenz erreicht. Von der frühen Kindheit bis ins Erwachsenenalter sind Menschen Teil eines Bildungssystems, das sie auf das Leben vorbereiten soll. Doch diese Fülle an Informationen und Anforderungen hat eine neue Form der Herausforderung geschaffen: die Überforderung.

Die heutige Bildung ist oft darauf ausgerichtet, eine unendliche Vielfalt an Wissen und Fähigkeiten zu vermitteln. Kinder und Jugendliche stehen unter dem Druck, nicht nur akademische, sondern auch soziale und emotionale Kompetenzen zu entwickeln. Gleichzeitig müssen sie sich in einer Welt zurechtfinden, die von ständigem Wandel und Unsicherheit geprägt ist. Diese Anforderungen überfordern nicht nur die Lernenden, sondern auch die Bildungssysteme selbst, die oft nicht in der Lage sind, mit den Veränderungen Schritt zu halten.

Darüber hinaus führt die Überfüllung mit Wissen oft zu einer Oberflächlichkeit des Lernens. Statt in die Tiefe zu gehen und kritisches Denken zu fördern, wird Bildung zu einer Abfolge von Aufgaben und Prüfungen, die wenig Raum für Reflexion oder Kreativität lassen. Die Folge ist eine Generation, die zwar Zugang zu ungeheurem Wissen hat, aber oft Schwierigkeiten hat, dieses Wissen sinnvoll zu nutzen oder zu hinterfragen.

Ein Gleichgewicht finden

Die Geschichte der Bildung ist eine Geschichte der Extreme, doch sie zeigt auch, dass ein Gleichgewicht möglich ist. Bildung muss mehr sein als die Vermittlung von Fakten und Fähigkeiten. Sie muss ein Raum sein, in dem Denken gefördert, Neugier geweckt und Reflexion ermöglicht wird. Dies erfordert eine Rückbesinnung auf die ursprüngliche Idee der Bildung als Mittel zur intellektuellen und gesellschaftlichen Emanzipation.

Dieses Kapitel soll nicht nur die Herausforderungen und Defizite des Bildungssystems aufzeigen, sondern auch dazu anregen, die Rolle der Bildung neu zu denken. Vom Mangel in der Antike bis zur Überforderung der Moderne hat sich die Bildung immer wieder gewandelt. Die Frage ist, wie wir sie gestalten, um das Denken zu fördern und die Menschheit auf eine Zukunft vorzubereiten, die ebenso komplex wie verheißungsvoll ist.

Die Verschränkung von
Politik und Wirtschaft

In einer Welt, in der Politik als Instrument der Gestaltung und Wirtschaft als Motor des Fortschritts gilt, ist die Verbindung zwischen diesen beiden Bereichen nicht nur unvermeidlich, sondern tiefgreifend. Doch hinter dieser offensichtlichen Partnerschaft verbirgt sich eine subtile Machtverschiebung.

Während Politiker die Bühne betreten und die Aufmerksamkeit der Öffentlichkeit auf sich ziehen, agiert die Industrie oft im Hintergrund – unsichtbar, aber bestimmend. Die Verschränkung von Politik und Wirtschaft ist zu einer der einflussreichsten und zugleich gefährlichsten Dynamiken unserer Zeit geworden.

Die unsichtbare Hand der Industrie

Die Industrie hat sich im Laufe der Jahrhunderte von einem Werkzeug der Produktion zu einem globalen Akteur entwickelt, der weit über die Herstellung von Waren hinausgeht. Unternehmen und Konzerne besitzen heute eine Macht, die in vielen Fällen die von Staaten übersteigt. Sie kontrollieren Ressourcen, beeinflussen Märkte und steuern durch ihre Finanzkraft politische Entscheidungen. Diese Macht ist jedoch selten direkt sichtbar. Stattdessen agieren die Vertreter der

Wirtschaft oft hinter den Kulissen, wo sie durch Lobbyarbeit, finanzielle Unterstützung und strategische Partnerschaften Einfluss auf politische Akteure ausüben.

Die unsichtbare Hand der Industrie zeigt sich in vielen Formen. Von Wahlkampffinanzierungen bis hin zu Gesetzesvorschlägen, die im Interesse der Wirtschaft formuliert werden, reicht ihr Einfluss tief in die politischen Prozesse hinein. Dabei entstehen Netzwerke, die so komplex und undurchsichtig sind, dass sie von der breiten Öffentlichkeit kaum wahrgenommen werden. Diese Netzwerke schaffen eine Abhängigkeit, in der politische Akteure zunehmend darauf angewiesen sind, die Interessen der Wirtschaft zu berücksichtigen – oft auf Kosten des Gemeinwohls.

Die Macht des Kapitals

Kapital ist der Hebel, mit dem die Wirtschaft ihre Ziele durchsetzt. In einer Welt, in der politische Kampagnen, Projekte und selbst soziale Programme ohne erhebliche finanzielle Mittel kaum umsetzbar sind, wird Geld zu einem entscheidenden Faktor. Unternehmen und ihre Lobbygruppen nutzen diesen Hebel, um politische Akteure zu beeinflussen. Dabei geht es nicht nur um direkte Unterstützung, sondern auch um die Schaffung von Abhängigkeiten.

Ein typisches Beispiel sind Infrastrukturprojekte, bei denen staatliche Mittel durch private Investitionen ergänzt werden. Auf den ersten Blick erscheint dies wie eine Win-win-Situation. Doch oft diktieren die Investoren die Bedingungen, und die politischen Entscheidungsträger verlieren die Kontrolle über die Projekte. Diese Dynamik verschiebt die Machtbalance und macht die Politik zum Erfüllungsgehilfen wirtschaftlicher Interessen.

Die Auswirkungen auf die Demokratie

Die enge Verbindung zwischen Politik und Wirtschaft hat tiefgreifende Auswirkungen auf die Demokratie. Anstatt die Interessen der Bürger zu vertreten, werden politische Entscheidungen häufig durch wirtschaftliche Überlegungen geleitet. Dies untergräbt das Vertrauen der Bevölkerung in die politischen Institutionen und führt zu einer zunehmenden Entfremdung zwischen Wählern und Gewählten.

Ein besonders problematischer Aspekt dieser Entwicklung ist die Ungleichheit, die dadurch verstärkt wird. Während große Unternehmen und wohlhabende Einzelpersonen ihre Interessen effektiv vertreten können, bleiben die Stimmen der breiten Bevölkerung oft ungehört. Dies führt zu einer Polarisierung, bei der die Gesellschaft in Gewinner und Verlierer gespalten wird – eine Entwicklung, die nicht nur den sozialen Zusammenhalt gefährdet, sondern auch die Grundlagen der Demokratie selbst.

Ein unsichtbarer Drahtzieher

Die Industrie agiert oft wie ein unsichtbarer Drahtzieher, der die Fäden im Hintergrund zieht. Ihre Macht ist nicht absolut, aber sie ist allgegenwärtig. Sie formt die Rahmenbedingungen, unter denen politische Entscheidungen getroffen werden, und beeinflusst die Prioritäten der Regierungen. Dabei ist ihre Zielsetzung klar: Maximierung von Profit und Kontrolle – Ziele, die nicht immer mit den Bedürfnissen und Werten der Gesellschaft übereinstimmen.

Diese Dynamik stellt eine Herausforderung dar, die schwer zu durchbrechen ist. Die enge Verflechtung von Politik und Wirtschaft schafft ein System, in dem beide Bereiche voneinander abhängen. Politiker sind auf die Unterstützung der Wirtschaft angewiesen, während die Wirtschaft von den Entscheidungen der Politik profitiert. Dieser Kreislauf führt zu einer Stabilisierung des Status quo, der den Wandel erschwert.

Ein Plädoyer für Transparenz

Die Verschränkung von Politik und Wirtschaft ist kein neues Phänomen, doch ihre Auswirkungen sind in einer globalisierten Welt stärker spürbar denn je. Um die Demokratie zu schützen und das Vertrauen der Bevölkerung wiederherzustellen, ist Transparenz unerlässlich. Die Beziehungen zwischen politischen Akteuren und der Wirtschaft müssen offengelegt werden, und es bedarf klarer Regeln, um Interessenkonflikte zu vermeiden.

Dieses Kapitel soll ein Bewusstsein für die unsichtbare Macht der Industrie schaffen und dazu anregen, die Mechanismen zu hinterfragen, die diese Macht ermöglichen. Es ist ein Aufruf, die Balance zwischen Politik und Wirtschaft neu zu gestalten und sicherzustellen, dass die Interessen der Gesellschaft Vorrang vor den Interessen des Kapitals haben.

Die Industrie mag ein unverzichtbarer Teil der modernen Welt sein, doch sie darf nicht die unsichtbare Herrscherin unserer politischen Systeme werden. Es liegt an uns, die Dynamik zu verändern und sicherzustellen, dass Politik und Wirtschaft im Dienste der Menschen stehen – und nicht umgekehrt.

Die Bürokratie als
Bremse der Veränderung

Die Bürokratie, einst als Instrument der Ordnung und Effizienz geschaffen, hat sich im Laufe der Zeit zu einem der stärksten Hindernisse für Wandel und Fortschritt entwickelt. Ihre Strukturen, Regeln und Prozesse, die ursprünglich dazu gedacht waren, Gleichheit und Stabilität zu gewährleisten, haben eine Eigendynamik entwickelt, die jede Form von Veränderung behindert und den Status quo zementiert. In einer Welt, die sich ständig wandelt, wirkt die Bürokratie oft wie ein Anker, der Innovationen und Anpassungen lähmt.

Die Logik der Bürokratie

Bürokratie basiert auf festen Strukturen, klaren Vorschriften und einer hierarchischen Organisation. Diese Prinzipien sollen sicherstellen, dass Entscheidungen nachvollziehbar und gerecht getroffen werden. Doch diese Logik hat eine Schattenseite. Die Betonung von Regeln und Prozessen führt dazu, dass der Mensch, der diese Strukturen schaffen und nutzen sollte, in den Hintergrund tritt. Entscheidungen werden nicht mehr auf der Grundlage von Vernunft oder Notwendigkeit getroffen, sondern durch das starre Korsett der Vorschriften diktiert.

Dieses System schafft eine Trägheit, die Veränderung nahezu unmöglich macht. Jede Innovation, jeder Fortschritt muss sich erst durch einen Dschungel aus Formularen, Genehmigungen und Zuständigkeiten kämpfen. Der Versuch, bestehende Strukturen zu verändern, wird zu einem Kampf gegen ein System, das darauf ausgelegt ist, sich selbst zu erhalten. Bürokratie schützt den Status quo, weil jede Abweichung von den bestehenden Regeln als Bedrohung empfunden wird.

Der Status quo als Ziel

Ein zentrales Merkmal der Bürokratie ist ihr Fokus auf Stabilität. In einer Welt, die von Unsicherheit geprägt ist, bietet die Bürokratie eine scheinbare Sicherheit, indem sie Veränderungen minimiert. Doch diese Stabilität hat ihren Preis. Der Status quo wird nicht nur geschützt, sondern oft auch idealisiert. Alles, was ihn in Frage stellt, wird als riskant oder unerwünscht angesehen. Dieser konservative Ansatz verhindert nicht nur den Wandel, sondern schafft auch eine Kultur, in der Innovation als Störung wahrgenommen wird.

In einer bürokratischen Struktur werden Probleme oft nicht gelöst, sondern verwaltet. Anstatt grundlegende Veränderungen herbeizuführen, wird versucht, bestehende Systeme zu optimieren, selbst wenn sie offensichtlich ineffizient sind. Diese Fixierung auf den Status quo führt dazu, dass die Bürokratie mehr Energie darauf verwendet, sich selbst zu erhalten, als den eigentlichen Zweck zu erfüllen, für den sie geschaffen wurde.

Die Menschlichkeit im bürokratischen Labyrinth

Ein weiterer Aspekt der bürokratischen Trägheit ist die Entmenschlichung der Entscheidungsprozesse. In einer Welt, die von Formularen und Vorschriften dominiert wird, wird der Einzelne oft auf eine Nummer reduziert. Die Bürokratie behandelt Menschen nicht als Individuen mit einzigartigen Bedürfnissen und Fähigkeiten, sondern als Teile eines Systems, die nach standardisierten Kriterien bewertet werden. Diese Entmenschlichung schafft nicht nur Frustration, sondern verhindert auch kreative Lösungen und individuelles Engagement.

Die Bürokratie erstickt den menschlichen Geist, indem sie Initiative und Verantwortung durch Regeln ersetzt. Anstatt selbst zu denken und Entscheidungen zu treffen, verlassen sich die Menschen auf das System. Dies führt zu einer Kultur der Passivität, in der niemand bereit ist, Risiken einzugehen oder Verantwortung zu übernehmen. Der bürokratische Apparat wird zu einer Maschine, die läuft, aber nicht denkt.

Die Herausforderung des Wandels

Die Überwindung der bürokratischen Trägheit ist eine der größten Herausforderungen unserer Zeit. In einer Welt, die sich immer schneller verändert, können starre Strukturen und Prozesse nicht mit der Dynamik Schritt halten. Doch der Wandel der Bürokratie ist schwierig, weil sie tief in unseren Institutionen und unserer Kultur verwurzelt ist.

Es erfordert Mut und Entschlossenheit, die Bürokratie zu reformieren. Es bedeutet, die Balance zwischen Stabilität und Flexibilität zu finden, zwischen Regeln und Freiheit. Es bedeutet auch, den Menschen wieder in den Mittelpunkt zu stellen und die Systeme so zu gestalten, dass sie den Bedürfnissen der Gesellschaft dienen, anstatt sie zu hemmen.

Dieses Kapitel soll ein Bewusstsein für die Hindernisse schaffen, die die Bürokratie für den Wandel darstellt. Es soll dazu ermutigen, die Strukturen zu hinterfragen, die uns daran hindern, unser Potenzial als Gesellschaft auszuschöpfen. Denn nur durch die Überwindung der bürokratischen Trägheit können wir die Herausforderungen der Zukunft meistern und eine Welt schaffen, die sowohl geordnet als auch dynamisch ist.

Der Tod als Schreckgespenst des Lebens

Der Tod ist das große Unbekannte, der unausweichliche Endpunkt eines jeden Lebens. Trotz aller Fortschritte in Wissenschaft und Philosophie bleibt er ein Geheimnis, ein Schleier, den niemand zu lüften vermag.

Doch gerade diese Unsicherheit, dieses Unwissen, macht ihn zu einer der stärksten Kräfte, die das menschliche Denken formen und begrenzen. Die Furcht vor dem Ende – vor dem Verlust der Existenz – hat seit jeher die Art und Weise geprägt, wie der Mensch die Welt betrachtet, sich selbst versteht und Entscheidungen trifft.

Die unausweichliche Präsenz des Todes

Von dem Moment an, in dem der Mensch sich seiner selbst bewusst wurde, war auch die Erkenntnis des eigenen Endes nicht mehr fern. Der Tod ist allgegenwärtig, nicht nur in der Natur, sondern auch in der Kultur. Er ist in den Mythen der Antike verankert, in den Religionen, die Trost spenden sollen, und in den Geschichten, die uns begleiten. Doch diese Allgegenwart ist nicht beruhigend; sie ist bedrückend.

Der Mensch hat versucht, sich mit dem Tod auseinander-zusetzen, ihn zu begreifen und ihm eine Bedeutung zu geben. Doch in seinem Kern bleibt der Tod eine Leerstelle, ein Raum des Nichtwissens. Diese Leerstelle füllt der Mensch mit Furcht

– einer Furcht, die tief in seinem Denken verankert ist und seine Wahrnehmung der Welt beeinflusst. Diese Furcht treibt ihn an, aber sie hält ihn auch zurück. Sie macht ihn vorsichtig, zögerlich und oft unfähig, über die Grenzen des Bekannten hinauszugehen.

Die Furcht als Formgeber des Denkens

Die Furcht vor dem Tod ist eine treibende Kraft. Sie hat dazu geführt, dass der Mensch Religionen erschaffen hat, die ein Leben nach dem Tod versprechen, und Philosophien, die versuchen, das Leben im Angesicht des Endes zu rechtfertigen. Doch sie ist auch eine Kraft, die das Denken begrenzt. Sie hält den Menschen in einer Welt der Gewohnheit gefangen, weil das Bekannte sicherer erscheint als das Unbekannte.

Diese Begrenzung zeigt sich besonders in der Art und Weise, wie der Mensch Risiken vermeidet. Die Angst vor dem Ende macht ihn vorsichtig, manchmal sogar übervorsichtig. Entscheidungen werden nicht auf der Grundlage von Möglichkeiten getroffen, sondern auf der Grundlage von Ängsten. Dieses Verhalten hat die Menschheit vor Gefahren geschützt, aber es hat sie auch daran gehindert, das Unbekannte zu erforschen und neue Wege zu beschreiten.

Die Furcht vor dem Tod hat auch dazu geführt, dass der Mensch sich selbst idealisiert. Die Idee der Unsterblichkeit – sei es durch Religion, durch Nachkommenschaft oder durch das Schaffen von Kunst und Wissenschaft – ist ein Versuch, der Endlichkeit zu entkommen. Doch diese Idealvorstellungen können das Denken einfrieren. Sie schaffen starre Muster, die schwer zu durchbrechen sind, und verhindern oft eine echte Auseinandersetzung mit der Realität.

Die Freiheit im Angesicht des Endes

Doch die Furcht vor dem Tod ist nicht nur eine Begrenzung. Sie kann auch eine Quelle der Freiheit sein. Indem der Mensch sich der eigenen Endlichkeit bewusst wird, kann er sich von den Zwängen befreien, die diese Furcht erzeugt. Der Tod ist nicht nur ein Ende; er ist auch eine Erinnerung daran, dass das Leben kostbar und einmalig ist.

Diese Erkenntnis kann das Denken befreien. Sie kann dazu führen, dass der Mensch sich traut, Risiken einzugehen, Neues auszuprobieren und die Grenzen des Bekannten zu überschreiten. Der Tod ist ein Spiegel, in dem der Mensch sein Leben betrachten kann. Er zwingt ihn, sich zu fragen, was wirklich wichtig ist, und gibt ihm die Möglichkeit, das Leben bewusster zu gestalten.

Ein Paradoxon des Denkens

Der Tod ist ein Paradoxon. Er ist sowohl eine Grenze als auch eine Möglichkeit. Er formt das Denken, indem er es einschränkt, und er erweitert es, indem er neue Perspektiven eröffnet. Dieses Paradoxon ist ein zentraler Bestandteil des menschlichen Daseins und eine der größten Herausforderungen des Denkens.

Dieses Kapitel soll dazu anregen, über die Furcht vor dem Tod und ihre Auswirkungen auf das Denken nachzudenken. Es ist ein Aufruf, sich mit dem Unbekannten auseinanderzusetzen und die Begrenzungen, die die Furcht schafft, zu überwinden. Denn nur, wenn der Mensch bereit ist, sich dem Tod zu stellen, kann er das Leben in seiner vollen Tiefe begreifen und gestalten.

Der Tod mag ein Schreckgespenst sein, doch er ist auch ein Lehrer. Er zeigt uns, was es bedeutet, zu leben, und fordert uns auf, das Beste aus der Zeit zu machen, die wir haben. Indem wir uns dieser Herausforderung stellen, können wir das Denken befreien und eine Welt schaffen, die nicht von Angst, sondern von Mut und Kreativität geprägt ist.

Luxus und seine Folgen

Luxus, einst das Privileg weniger, ist in vielen Gesellschaften zur Selbstverständlichkeit geworden. Doch je leichter der Zugang zu den Segnungen des Wohlstands, desto geringer wird oft deren Wertschätzung. Trinkwasser, Energie und andere essenzielle Ressourcen, die in großen Teilen der Welt immer noch rar sind, werden in wohlhabenden Regionen häufig als gegeben hingenommen. Diese Dekadenz ist nicht nur ein Symptom für eine gesättigte Gesellschaft, sondern auch ein Problem, das tief in die Struktur des Denkens eingreift.

Die Bedeutung des Trinkwassers

Trinkwasser ist die Grundlage allen Lebens. Es ist eine Ressource, ohne die keine Zivilisation hätte entstehen können. Doch in der modernen Welt wird es oft als alltäglicher Komfort wahrgenommen, nicht als lebensnotwendiges Gut. In vielen Regionen der Erde ist der Zugang zu sauberem Wasser nach wie vor eine Herausforderung. Menschen müssen kilometerweit laufen, um eine kleine Menge zu holen, während in wohlhabenden Ländern Trinkwasser für den Rasen, die Autowäsche oder als Wegwerfprodukt genutzt wird.

Dieser Umgang mit Wasser zeigt, wie sehr die Wahrnehmung von Ressourcen von der Verfügbarkeit abhängt. Je leichter etwas zugänglich ist, desto weniger Bedeutung wird ihm beigemessen. Doch dieser Überfluss führt zu einer gefährlichen

Denkweise: die Annahme, dass Ressourcen unendlich sind. Diese Illusion ist nicht nur ökologisch bedenklich, sondern auch ein Spiegel der Dekadenz, die das Denken lähmt und den Sinn für Verantwortung verdrängt.

Ressourcen und ihre Unsichtbarkeit

Neben Wasser gibt es viele andere Ressourcen, die in dekadenten Gesellschaften nahezu unsichtbar geworden sind. Energie, Nahrungsmittel, Rohstoffe – all diese Dinge sind in entwickelten Ländern so selbstverständlich, dass sie kaum noch wahrgenommen werden. Licht auf Knopfdruck, Wärme auf Abruf, Nahrungsmittel in Hülle und Fülle: Diese Annehmlichkeiten, die das Leben erleichtern, tragen paradoxerweise dazu bei, dass das Bewusstsein für deren Ursprung und Endlichkeit schwindet.

Die Unsichtbarkeit der Ressourcen hat direkte Auswirkungen auf das Denken. Sie fördert eine Mentalität der Verschwendung, eine Haltung, die den Wert von Dingen nur an ihrer Verfügbarkeit misst. Diese Oberflächlichkeit, die durch Luxus begünstigt wird, verhindert eine tiefere Reflexion über die Konsequenzen unseres Handelns. Wer sich keine Gedanken über die Herkunft von Energie oder die Folgen von Lebensmittelverschwendung macht, verliert den Blick für die größeren Zusammenhänge.

Dekadenz und Verantwortungslosigkeit

Dekadenz ist nicht nur eine Frage des Überflusses, sondern auch eine des Verlusts von Verantwortung. In einer Gesellschaft, in der Luxus allgegenwärtig ist, wird Verantwortung oft delegiert. Die Herstellung von Produkten, die Versorgung mit Energie, die Entsorgung von Abfall – all das geschieht weit außerhalb des direkten Sichtfelds der Konsumenten. Diese Distanz führt dazu, dass die Auswirkungen des eigenen Handelns nicht mehr wahrgenommen werden.

Doch Verantwortungslosigkeit hat ihren Preis. Sie zeigt sich in der Ausbeutung natürlicher Ressourcen, in der Zerstörung von Ökosystemen und in der sozialen Ungleichheit, die durch ungleichen Zugang zu Luxusgütern verstärkt wird. Die Folgen dieser Entwicklungen sind nicht nur ökologischer und ökonomischer Natur, sondern auch psychologischer. Eine Gesellschaft, die sich ihres Überflusses nicht bewusst ist, verliert den Sinn für Maß und Balance.

Ein Umdenken ist nötig

Luxus ist keine Sünde, aber er ist auch kein Selbstzweck. Er sollte als Privileg betrachtet werden, das Verantwortung und Nachdenken erfordert. Die Dekadenz, die aus einer fehlenden Wertschätzung für Ressourcen entsteht, ist kein unausweichliches Schicksal. Sie kann überwunden werden, wenn ein Umdenken stattfindet – ein Bewusstsein dafür, dass jeder Überfluss auf Kosten von etwas oder jemandem geht.

Dieses Kapitel soll nicht nur die Mechanismen der Dekadenz aufzeigen, sondern auch dazu ermutigen, den Umgang mit Ressourcen zu hinterfragen. Wasser, Energie und andere Grundlagen des Lebens sind keine Selbstverständlichkeiten, sondern Geschenke, die Pflege und Respekt verdienen. Indem wir uns ihrer Bedeutung bewusst werden, können wir den Luxus, den wir genießen, in einen Motor des Nachdenkens und der Verantwortung verwandeln.

Die Herausforderung besteht darin, die Balance zwischen Wohlstand und Nachhaltigkeit zu finden. Eine Gesellschaft, die ihre Ressourcen achtet, kann ihren Luxus genießen, ohne in Dekadenz zu verfallen. Sie kann Wohlstand schaffen, der nicht nur den Einzelnen, sondern die gesamte Menschheit bereichert. Dazu bedarf es jedoch eines grundlegenden Wandels im Denken – eines Wandels, der den Wert des Einfachen wiederentdeckt und den Luxus in einen Ausdruck von Wertschätzung und Verantwortung verwandelt.

Die klerikale Präsenz im modernen Staat

Die Moderne wird oft als Zeitalter der Säkularisierung gefeiert, als eine Epoche, in der sich Staat und Religion weitgehend voneinander getrennt haben. Doch der Einfluss der Kirche, der über Jahrhunderte hinweg das gesellschaftliche und politische Leben geprägt hat, ist keineswegs verschwunden.

Er hat sich lediglich verwandelt. In subtilen, oft unsichtbaren Strukturen lebt die klerikale Präsenz im modernen Staat weiter und beeinflusst die Art und Weise, wie Gesellschaften denken, handeln und regieren.

Die historische Prägung

Der Einfluss der Kirche auf den Staat hat tiefe historische Wurzeln. In Europa war die christliche Kirche über Jahrhunderte hinweg nicht nur eine religiöse, sondern auch eine politische Institution. Sie stellte Gesetze auf, vermittelte zwischen Herrschern und legitimierte deren Machtanspruch. Auch als die Aufklärung begann, den Einfluss der Religion infrage zu stellen, blieben viele dieser Strukturen bestehen. Sie wurden Teil der kulturellen DNA der Gesellschaften und wirken bis heute nach.

Die Säkularisierung des Staates, die in vielen Ländern als ein Fortschritt hin zu Freiheit und Gleichheit gefeiert wurde, bedeutete keine vollständige Trennung von Kirche und Politik.

Vielmehr wandelte sich der Einfluss der Kirche: Von einer dominanten Macht wurde sie zu einem subtilen Akteur, der im Hintergrund wirkt. Dieser Wandel macht die klerikale Präsenz schwerer fassbar, aber nicht weniger wirkungsvoll.

Subtile Machtmechanismen

Die subtile Macht der Kirche zeigt sich in verschiedenen Bereichen des modernen Staates. Einer der offensichtlichsten ist das Bildungswesen. In vielen Ländern sind kirchliche Schulen und Universitäten fester Bestandteil des Bildungssystems. Sie vermitteln nicht nur Wissen, sondern auch Werte und Weltanschauungen, die tief in der religiösen Tradition verwurzelt sind. Diese Bildungseinrichtungen prägen Generationen von Schülern und Studenten und beeinflussen damit indirekt die Gesellschaft als Ganzes.

Ein weiterer Bereich ist das soziale und gesundheitliche Netzwerk. Kirchliche Organisationen betreiben Krankenhäuser, Pflegeheime und karitative Einrichtungen. Während diese Institutionen zweifellos einen wertvollen Beitrag leisten, tragen sie auch dazu bei, die moralischen und ethischen Vorstellungen der Kirche in die Praxis umzusetzen. Die Diskussionen um Themen wie Abtreibung, Sterbehilfe oder reproduktive Rechte zeigen, wie stark der Einfluss der Kirche in diesen Bereichen noch ist.

Auch auf der politischen Ebene ist die klerikale Präsenz spürbar. Politiker, die sich öffentlich zu ihrem Glauben bekennen, nutzen diesen oft als Argument für bestimmte

Positionen oder Entscheidungen. Dabei verschwimmen die Grenzen zwischen persönlicher Überzeugung und politischer Agenda. Der Einfluss der Kirche zeigt sich auch in Gesetzgebungen, die auf moralischen Prinzipien basieren, die aus der religiösen Tradition stammen. Die Debatten um Ehe, Familie und Sexualität sind nur einige Beispiele dafür, wie religiöse Überzeugungen das politische Handeln prägen.

Die unsichtbare Präsenz

Was den Einfluss der Kirche im modernen Staat so schwer fassbar macht, ist seine Unsichtbarkeit. Die Kirche agiert oft nicht mehr offen als Machtinstitution, sondern durch Netzwerke, Werte und Traditionen. Diese subtilen Mechanismen sind tief in die Strukturen der Gesellschaft eingebettet und werden selten hinterfragt. Sie schaffen eine kulturelle Prägung, die den Rahmen für das Denken und Handeln setzt, ohne dass dies bewusst wahrgenommen wird.

Ein Beispiel dafür ist die Sprache. Viele Begriffe und Konzepte, die im politischen und gesellschaftlichen Diskurs verwendet werden, haben ihren Ursprung in der religiösen Tradition. Begriffe wie *Gnade*, *Sünde* oder *Erlösung* sind tief in der kulturellen Vorstellung verankert und beeinflussen, oft unbemerkt, die Art und Weise, wie wir die Welt betrachten.

Die Herausforderung der Neutralität

Die klerikale Präsenz im modernen Staat stellt die Idee der Neutralität infrage. Ein Staat, der sich als säkular versteht, sollte alle Weltanschauungen gleich behandeln. Doch die historische und kulturelle Prägung durch die Kirche schafft eine Asymmetrie, die schwer zu überwinden ist. Diese Prägung führt dazu, dass bestimmte Werte und Überzeugungen bevorzugt werden, während andere marginalisiert werden.

Die Herausforderung besteht darin, diese Mechanismen zu erkennen und kritisch zu hinterfragen. Es geht nicht darum, die Rolle der Kirche zu verteufeln oder ihre Beiträge zur Gesellschaft zu negieren. Vielmehr geht es darum, ein Bewusstsein für die subtilen Einflüsse zu schaffen, die das Denken und Handeln prägen, und sicherzustellen, dass der Staat tatsächlich neutral agiert.

Ein Plädoyer für Reflexion

Die klerikale Präsenz im modernen Staat ist kein Relikt der Vergangenheit, sondern eine lebendige Realität.

Dieses Kapitel soll dazu anregen, über die Mechanismen nachzudenken, die diesen Einfluss ermöglichen, und die Frage zu stellen, wie viel Raum Religion in einer säkularen Gesellschaft einnehmen sollte. Es ist ein Aufruf, die unsichtbaren Strukturen zu erkennen, die unser Denken prägen, und sie in einen offenen Dialog zu bringen.

Nur durch diese Reflexion können wir eine Gesellschaft schaffen, die wirklich frei und pluralistisch ist – eine Gesellschaft, in der der Staat neutral agiert und die Vielfalt der Weltanschauungen respektiert wird, ohne von den unsichtbaren Fäden der Vergangenheit gelenkt zu werden.

Die Selbstgefälligkeit der Wissenschaft

Die Wissenschaft, die lange Zeit als das leuchtende Symbol des menschlichen Fortschritts galt, hat sich in der modernen Welt zunehmend zu einem System entwickelt, das mehr auf Kontinuität als auf Umwälzung setzt.

Echte Innovationen, die die Welt in ihren Grundfesten erschüttern, sind selten geworden. Stattdessen dominieren inkrementelle Weiterentwicklungen, die auf bestehenden Konzepten aufbauen, ohne sie grundlegend infrage zu stellen. Diese Entwicklung ist nicht zufällig, sondern ein Ergebnis der Selbstgefälligkeit, die sich in den Strukturen und der Kultur der Wissenschaft etabliert hat.

Der Wandel von Neugier zu Verwaltung

Die Ursprünge der Wissenschaft liegen in der Neugier und dem Drang, das Unbekannte zu ergründen. Von Galileo bis Einstein waren es oft Einzelgänger, die bestehende Paradigmen infrage stellten und die Grenzen des Denkens erweiterten. Doch mit der Institutionalisierung der Wissenschaft und ihrem Aufstieg als globaler Machtfaktor veränderte sich ihr Charakter. Forschung wurde weniger zu einer Reise ins Unbekannte und mehr zu einer verwalteten Tätigkeit, die sich an etablierten Strukturen und Erwartungen orientiert.

Diese Transformation zeigt sich in der Art und Weise, wie Wissenschaft heute betrieben wird. Der Druck, Ergebnisse zu liefern, hat dazu geführt, dass viele Forscher sich auf Projekte konzentrieren, die kurzfristige Erfolge versprechen, anstatt Risiken einzugehen. Innovation, die das Potenzial hat, bestehende Konzepte zu revolutionieren, wird oft zugunsten von Weiterentwicklungen aufgegeben, die sicherer und leichter zu finanzieren sind. Dieser Fokus auf Sicherheit und Vorhersehbarkeit hat die Wissenschaft von ihrer ursprünglichen Vision entfremdet.

Die Macht der Paradigmen

Ein zentraler Grund für die Selbstgefälligkeit der Wissenschaft ist die Macht der Paradigmen. Wissenschaftliche Theorien und Modelle, die einmal etabliert sind, besitzen eine außergewöhnliche Trägheit. Sie werden zur Grundlage für weitere Forschung, zur Norm, an der sich alles andere misst. Diese Paradigmen schaffen eine Stabilität, die notwendig ist, um Wissen zu akkumulieren, doch sie wirken auch als Barriere für echte Innovationen.

Thomas Kuhn, der berühmte Wissenschaftsphilosoph, beschrieb diesen Mechanismus in seinem Werk ›Die Struktur wissenschaftlicher Revolutionen‹ (ISBN: 978-3518276259). Nach Kuhn finden wissenschaftliche Revolutionen nur statt, wenn ein bestehendes Paradigma an seine Grenzen stößt und durch ein neues ersetzt wird. Doch in der heutigen Wissenschaft, die stark von Finanzierungszyklen, institutionellen Interessen und politischen Agenden geprägt ist, wird das Infragestellen von Paradigmen oft als Bedrohung empfunden. Forscher, die radikale Ideen verfolgen, sehen sich häufig mit Widerstand konfrontiert, sei es durch den Peer-Review-Prozess, durch Schwierigkeiten bei der Finanzierung oder durch die Ablehnung durch die wissenschaftliche Gemeinschaft.

Innovation als Risiko

Echte Innovation ist riskant. Sie bedeutet, bestehende Annahmen infrage zu stellen, bewährte Methoden zu verlassen und in unbekanntes Terrain vorzudringen. Doch in einer Welt, in der wissenschaftliche Karrieren von Publikationen, Zitierungen und finanzieller Förderung abhängen, sind solche Risiken schwer zu rechtfertigen. Es ist einfacher, auf sicherem Boden zu bleiben und bestehende Theorien schrittweise zu erweitern, als die Fundamente zu hinterfragen.

Diese Risikoscheu hat weitreichende Konsequenzen. Sie führt dazu, dass die Wissenschaft sich oft auf technische Verbesserungen konzentriert, anstatt neue Horizonte zu erkunden. Fortschritte in der Technologie – sei es in der Medizin, der Physik oder der Informationstechnologie – sind beeindruckend, doch sie basieren häufig auf dem Ausbau bestehender Konzepte, nicht auf deren Revolution. Diese inkrementellen Fortschritte sind wertvoll, doch sie ersetzen nicht die bahnbrechenden Entdeckungen, die einst das Markenzeichen der Wissenschaft waren.

Die Verantwortung der Wissenschaft

Die Selbstgefälligkeit der Wissenschaft ist nicht nur ein Problem der Forschungsgemeinschaft, sondern auch eine Frage der gesellschaftlichen Verantwortung. Wissenschaft ist nicht isoliert; sie steht in einem Wechselspiel mit der Gesellschaft, die sie unterstützt und von ihr profitiert. Wenn die Wissenschaft ihre Rolle als treibende Kraft des Fortschritts aufgibt, verliert sie ihre Legitimation und ihren Zweck.

Die Herausforderung besteht darin, die Wissenschaft aus ihrer Komfortzone zu befreien und eine Kultur zu schaffen, die echte Innovation fördert. Dies erfordert Mut, sowohl von den Forschern als auch von den Institutionen, die sie unterstützen. Es bedeutet, Risiken zuzulassen, alternative Ansätze zu fördern und den Wert von Scheitern als Teil des Entdeckungsprozesses anzuerkennen.

Ein Aufruf zum Umdenken

Die Wissenschaft hat das Potenzial, die größten Herausforderungen unserer Zeit zu bewältigen. Doch um dieses Potenzial auszuschöpfen, muss sie bereit sein, ihre Selbstgefälligkeit zu überwinden.

Dieses Kapitel soll ein Alarm sein, die Strukturen und die Kultur der Wissenschaft kritisch zu hinterfragen und Wege zu finden, wie sie ihre ursprüngliche Vision wiederentdecken kann.

Echte Innovation erfordert Mut, Kreativität und die Bereitschaft, das Unbekannte zu erforschen. Sie erfordert auch eine Wissenschaft, die sich ihrer Verantwortung bewusst ist und den Mut hat, über den Status quo hinauszugehen. Nur so kann die Wissenschaft ihrem Anspruch gerecht werden, das Denken zu erweitern und die Welt zu verändern.

Die Ohnmacht des Einzelnen

In einer Welt, die von komplexen politischen, wirtschaftlichen und sozialen Strukturen geprägt ist, findet sich der Einzelne oft in einer paradoxen Position wieder. Einerseits trägt er eine moralische und gesellschaftliche Verantwortung, andererseits wird ihm zunehmend das Gefühl vermittelt, dass seine Stimme, sein Handeln, ja sogar seine Existenz wenig Gewicht haben. Diese Ohnmacht des Einzelnen ist ein Phänomen, das tief in die Dynamik moderner Gesellschaften eingebettet ist und das Denken ebenso wie das Handeln lähmt.

Die Machtlosigkeit des Bürgers

Die Strukturen, die das Leben des Einzelnen bestimmen, scheinen oft unerreichbar und unantastbar. Regierungen, Konzerne, Institutionen – sie alle agieren auf Ebenen, die für den durchschnittlichen Bürger schwer zu begreifen und noch schwerer zu beeinflussen sind. Entscheidungen über Umweltpolitik, Wirtschaftsstrategien oder globale Konflikte werden in Gremien getroffen, die weit entfernt von den Lebensrealitäten der meisten Menschen operieren.

Dieses Gefühl der Machtlosigkeit wird durch die schiere Komplexität der modernen Welt verstärkt. Die Mechanismen, die hinter den großen Entscheidungen stehen, sind oft so undurchsichtig, dass sie wie ein undurchdringliches Labyrinth wirken. Der Einzelne sieht sich mit einer Flut von

Informationen konfrontiert, die er kaum sortieren oder einordnen kann. Diese Informationsflut erzeugt nicht etwa Klarheit, sondern Verwirrung, und trägt so zur Passivität bei.

Doch diese Machtlosigkeit ist nicht nur ein Resultat der äußeren Umstände. Sie wird auch durch die innere Haltung des Einzelnen verstärkt. Das Gefühl, keinen Einfluss zu haben, führt oft zu Resignation. Warum sollte man sich engagieren, wenn es doch scheinbar nichts bewirkt? Diese Resignation ist nicht nur ein Ausdruck von Frustration, sondern auch ein Schutzmechanismus, der den Einzelnen vor der Überforderung bewahren soll.

Verantwortungslosigkeit als Folge

Die Ohnmacht des Einzelnen hat jedoch eine weitere Konsequenz: Sie führt häufig zu einer Haltung der Verantwortungslosigkeit. Wenn das Gefühl vorherrscht, dass das eigene Handeln keinen Unterschied macht, wird die Verantwortung leicht an andere delegiert. Politiker, Experten, Aktivisten – sie sollen sich kümmern, während der Einzelne sich in den Alltag zurückzieht.

Doch diese Verantwortungslosigkeit hat ihren Preis. Sie schafft ein Vakuum, das von denen gefüllt wird, die bereit sind, die Macht zu ergreifen, oft ohne das Gemeinwohl im Blick zu haben. Eine Gesellschaft, in der die Mehrheit der Menschen ihre Verantwortung nicht wahrnimmt, wird anfällig für Manipulation und Kontrolle. Das Ergebnis ist eine Spirale der

Entfremdung, in der sich die Ohnmacht des Einzelnen immer weiter verstärkt.

Der Weg aus der Ohnmacht

Die Ohnmacht des Einzelnen ist kein unausweichliches Schicksal. Sie ist ein Zustand, der durch Reflexion und Engagement überwunden werden kann. Der erste Schritt besteht darin, die Mechanismen zu erkennen, die diese Ohnmacht erzeugen. Es erfordert Mut, die eigene Position in der Gesellschaft kritisch zu hinterfragen und die Verantwortung für das eigene Handeln zu übernehmen.

Ein weiterer wichtiger Aspekt ist die Bildung. Ein informierter Bürger ist ein mächtiger Bürger. Bildung schafft nicht nur Wissen, sondern auch das Vertrauen in die eigene Fähigkeit, Dinge zu verstehen und zu beeinflussen. Sie gibt dem Einzelnen die Werkzeuge, um sich in der komplexen Welt zurechtzufinden und aktiv an ihrer Gestaltung teilzunehmen.

Darüber hinaus ist Gemeinschaft ein Schlüssel zur Überwindung der Ohnmacht. Einzelne können wenig ausrichten, doch in der Gemeinschaft liegt eine Kraft, die Berge versetzen kann. Wenn Menschen sich zusammenschließen, um gemeinsame Ziele zu verfolgen, können sie Systeme beeinflussen und Veränderungen herbeiführen. Die Geschichte zeigt zahlreiche Beispiele dafür, dass kollektives Handeln selbst die stärksten Strukturen erschüttern kann.

Ein Plädoyer für Verantwortung

Die Ohnmacht des Einzelnen ist eine Herausforderung, die es zu überwinden gilt.

Dieses Kapitel soll nicht nur die Ursachen und Konsequenzen aufzeigen, sondern auch dazu ermutigen, einen Weg aus der Passivität zu finden. Es ist ein Aufruf, die Verantwortung für das eigene Leben und die Gesellschaft anzunehmen und sich den Herausforderungen der modernen Welt zu stellen.

Der Einzelne mag klein erscheinen im Angesicht der großen Strukturen, die unsere Welt bestimmen. Doch in jedem Einzelnen liegt eine Kraft, die durch Engagement, Bildung und Gemeinschaft entfesselt werden kann. Diese Kraft ist der Schlüssel, um die Ohnmacht zu überwinden und eine Gesellschaft zu schaffen, in der der Einzelne nicht nur Zuschauer, sondern Akteur ist.

Technologie und das Ende der Reflexion

In einer Welt, die zunehmend von digitalen Werkzeugen beherrscht wird, hat die Technologie unser Leben auf eine Weise revolutioniert, die vor wenigen Jahrzehnten noch unvorstellbar war.

Von Smartphones über künstliche Intelligenz bis hin zu sozialen Medien – diese Werkzeuge haben die Art und Weise, wie wir kommunizieren, lernen und arbeiten, radikal verändert. Doch während sie Komfort und Effizienz bringen, werfen sie auch eine grundlegende Frage auf: Welchen Einfluss haben sie auf unsere Fähigkeit, kritisch zu denken und zu reflektieren?

Die Verlockung der Einfachheit

Technologie bietet uns scheinbar endlose Möglichkeiten, doch sie kommt oft mit einem Preis. Digitale Werkzeuge sind darauf ausgelegt, Aufgaben zu vereinfachen und Zeit zu sparen. Sie nehmen uns die Mühe ab, Informationen zu suchen, zu analysieren und zu verarbeiten. Algorithmen liefern uns auf Knopfdruck Antworten, die oft als gegeben hingenommen werden, ohne sie zu hinterfragen. Diese Bequemlichkeit ist verlockend, doch sie birgt die Gefahr, dass wir verlernen, selbst zu denken.

Die Einfachheit, die Technologie verspricht, reduziert die Komplexität der Welt auf leicht konsumierbare Inhalte. Anstatt uns mit widersprüchlichen oder herausfordernden Ideen auseinanderzusetzen, werden wir in eine Komfortzone gelenkt, in der unsere Meinungen bestätigt und unsere Denkmuster nicht hinterfragt werden. Dieser Prozess erstickt die Reflexion, die einst das Fundament kritischen Denkens war.

Die Rolle der Algorithmen

Ein zentraler Faktor in dieser Entwicklung sind die Algorithmen, die unsere digitalen Erfahrungen steuern. Ob in Suchmaschinen, sozialen Medien oder Einkaufsplattformen – Algorithmen entscheiden, welche Informationen uns präsentiert werden. Sie basieren auf unseren bisherigen Entscheidungen, Vorlieben und Interaktionen und schaffen so eine personalisierte, aber stark eingeschränkte Realität.

Diese Filterblasen sind bequem, doch sie sind auch gefährlich. Sie verhindern, dass wir mit abweichenden Meinungen oder neuen Ideen konfrontiert werden, und verstärken bestehende Vorurteile. Indem sie unsere Weltanschauung bestätigen, schwächen sie unsere Fähigkeit, kritisch zu hinterfragen und andere Perspektiven zu betrachten. Das Ergebnis ist eine Gesellschaft, in der die Reflexion durch vorgefertigte Meinungen ersetzt wird.

Der Verlust der Aufmerksamkeit

Ein weiterer Effekt der Technologie ist der Verlust der Aufmerksamkeitsspanne. Digitale Werkzeuge sind so konzipiert, dass sie unsere Aufmerksamkeit fesseln. Durch ständige Benachrichtigungen, endlose Scroll-Funktionen und eine Flut von Inhalten wird unser Gehirn ständig stimuliert. Doch diese ständige Ablenkung hat ihren Preis: Sie macht es schwer, sich auf eine Aufgabe zu konzentrieren oder tiefer über ein Thema nachzudenken.

Reflexion erfordert Zeit und Ruhe. Sie ist ein Prozess, der nicht unterbrochen werden kann. Doch in einer Welt, in der wir ständig auf der Suche nach der nächsten Information oder dem nächsten Unterhaltungshappen sind, bleibt wenig Raum für diesen Prozess. Die Technologie hat uns von der Langsamkeit entfremdet, die für das Denken und die Reflexion notwendig ist.

Die Illusion des Wissens

Technologie vermittelt uns oft die Illusion, alles zu wissen. Mit einem Klick können wir auf eine Fülle von Informationen zugreifen, die früher unvorstellbar war. Doch diese Verfügbarkeit von Wissen ist nicht gleichbedeutend mit echtem Verstehen. Informationen werden konsumiert, aber selten verarbeitet oder hinterfragt. Sie bleiben oberflächlich und tragen wenig zur Entwicklung eines tiefen, reflektierten Denkens bei.

Diese Illusion des Wissens führt dazu, dass wir uns auf die Technologie verlassen, anstatt unsere eigenen Fähigkeiten zu nutzen. Wir vertrauen den Ergebnissen von Suchmaschinen mehr als unserem eigenen Urteilsvermögen und nehmen Daten als Wahrheit, ohne ihre Herkunft oder ihren Kontext zu hinterfragen. Dies schwächt nicht nur unser kritisches Denken, sondern macht uns auch anfällig für Manipulation und Desinformation.

Ein Aufruf zur Reflexion

Technologie ist weder gut noch böse. Sie ist ein Werkzeug, das genutzt werden kann, um unser Leben zu bereichern oder zu verarmen. Doch ihre Auswirkungen auf das Denken sind tiefgreifend und erfordern eine bewusste Auseinandersetzung.

> Dieses Kapitel soll dazu anregen, über die Rolle der Technologie in unserem Leben nachzudenken und Wege zu finden, wie wir ihre Vorteile nutzen, ohne unsere Fähigkeit zur Reflexion zu verlieren.

Die Herausforderung besteht darin, ein Gleichgewicht zu finden. Wir müssen lernen, Technologie als Werkzeug zu nutzen, das uns unterstützt, anstatt uns zu kontrollieren. Dies erfordert Disziplin, kritisches Denken und die Bereitschaft, uns der Bequemlichkeit zu widersetzen, die digitale Werkzeuge bieten. Es erfordert auch den Mut, uns mit schwierigen Fragen und Ideen auseinanderzusetzen, anstatt uns in den Komfortzonen der Algorithmen zu verstecken.

Technologie hat das Potenzial, unser Denken zu erweitern, doch sie kann es auch einengen. Die Entscheidung liegt bei uns. Indem wir uns der Auswirkungen bewusst werden und aktiv gegen die Tendenz zur Oberflächlichkeit anarbeiten, können wir eine Welt schaffen, in der Technologie nicht das Ende der Reflexion bedeutet, sondern ihr Anfang.

Die Fragmentierung der Gesellschaft

Die Gemeinschaft, einst das Fundament menschlicher Zivilisation, steht im modernen Zeitalter vor einer Zerreißprobe. In einer Welt, die von Individualismus, technologischen Umwälzungen und sozialen Medien geprägt ist, wird der Zusammenhalt immer fragiler.

Neid, Hass und Spaltung haben Einzug gehalten, und die Gesellschaft fragmentiert sich in immer kleinere Gruppen, die sich oft mehr durch Konflikte als durch Gemeinsamkeiten definieren. Dieser Prozess, der schleichend begann, hat tiefgreifende Auswirkungen auf das Denken und Handeln der Menschen.

Die Wurzeln der Spaltung

Die Fragmentierung der Gesellschaft ist kein neues Phänomen. Sie war schon immer Teil menschlicher Gemeinschaften, die sich entlang von Religion, Kultur oder politischen Überzeugungen teilten. Doch in der modernen Welt hat diese Spaltung eine neue Dimension erreicht. Globalisierung, soziale Medien und der wachsende Druck, sich individuell zu profilieren, haben die Kluft zwischen verschiedenen Gruppen vertieft.

Neid spielt dabei eine zentrale Rolle. In einer Gesellschaft, die Erfolg oft an materiellen Besitztümern oder Statussymbolen misst, entsteht schnell ein Gefühl der Unzufriedenheit. Soziale Medien verstärken diesen Effekt, indem sie ein verzerrtes Bild von Realität vermitteln: ein Leben voller Luxus, Schönheit und Erfolg, das für viele unerreichbar scheint. Dieses Gefühl des Zurückbleibens führt zu Spannungen, die sich in Misstrauen und Ablehnung gegenüber anderen äußern.

Hass ist die nächste Stufe dieser Entwicklung. Er entspringt oft aus dem Gefühl, ungerecht behandelt zu werden, oder aus der Wahrnehmung, dass andere einen unfairen Vorteil haben. Diese Emotion wird in einer fragmentierten Gesellschaft leicht instrumentalisiert. Politiker, Medien und andere Akteure nutzen sie, um Spaltungen zu vertiefen und eigene Agenden voranzutreiben. Hass wird zur treibenden Kraft, die die Gesellschaft weiter auseinanderreißt.

Die Rolle der sozialen Medien

In dieser Dynamik spielen soziale Medien eine entscheidende Rolle. Was einst als Plattform für den Austausch von Ideen und die Vernetzung von Menschen gedacht war, hat sich zu einem Ort der Polarisierung und Desinformation entwickelt. Algorithmen, die darauf abzielen, Nutzer zu binden, fördern Inhalte, die Emotionen auslösen – oft negative wie Wut oder Angst.

Diese Mechanismen verstärken die Fragmentierung, indem sie Menschen in Echokammern einschließen, in denen sie nur das hören, was ihre bestehenden Überzeugungen bestätigt. Abweichende Meinungen werden nicht mehr als Bereicherung wahrgenommen, sondern als Bedrohung. Dies führt zu einer weiteren Verhärtung der Fronten und einer Zunahme von Konflikten.

Die Erosion des Gemeinschaftsgefühls

Die Fragmentierung der Gesellschaft hat auch tiefgreifende Auswirkungen auf das Gemeinschaftsgefühl. In einer Welt, die zunehmend individualistisch geprägt ist, treten kollektive Werte und Ziele in den Hintergrund. Stattdessen wird der Fokus auf persönliche Erfolge und Selbstverwirklichung gelegt. Während diese Entwicklungen durchaus positive Aspekte haben können, tragen sie auch dazu bei, dass die Solidarität innerhalb der Gesellschaft schwindet.

Ohne ein starkes Gemeinschaftsgefühl fällt es schwer, gemeinsame Herausforderungen zu bewältigen. Probleme wie Klimawandel, soziale Ungleichheit oder politische Instabilität erfordern kollektives Handeln, doch die Fragmentierung macht es zunehmend schwierig, einen Konsens zu finden. Die Gesellschaft zerfällt in Gruppen, die jeweils ihre eigenen Prioritäten verfolgen, oft ohne Rücksicht auf das größere Ganze.

Ein Plädoyer für den Zusammenhalt

Die Fragmentierung der Gesellschaft ist eine Herausforderung, die nicht ignoriert werden kann.

Dieses Kapitel soll dazu anregen, über die Ursachen und Konsequenzen dieser Entwicklung nachzudenken und Wege zu finden, wie der Zusammenhalt wieder gestärkt werden kann. Es ist ein Aufruf, die Mechanismen zu hinterfragen, die Neid, Hass und Spaltung fördern, und aktiv gegen diese Tendenzen anzuarbeiten.

Zusammenhalt erfordert Mut und Empathie. Es bedeutet, über die eigenen Vorurteile hinauszublicken und den Dialog mit anderen zu suchen, auch wenn ihre Meinungen oder Lebensweisen von den eigenen abweichen. Es bedeutet auch, Verantwortung zu übernehmen – nicht nur für das eigene Handeln, sondern auch für die Gesellschaft als Ganzes.

Die Fragmentierung der Gesellschaft ist kein unausweichliches Schicksal. Sie kann überwunden werden, wenn wir bereit sind, die Brücken zu bauen, die uns wieder miteinander verbinden. Denn letztlich ist der Zusammenhalt der Gemeinschaft nicht nur eine Frage des sozialen Friedens, sondern auch eine Voraussetzung für das Fortbestehen menschlicher Zivilisation.

Die Bedeutung von Gemeinschaft

Die Menschheit hat sich seit ihren Anfängen in Gemeinschaften organisiert. Diese Einheiten waren nicht nur der Schlüssel zum Überleben, sondern auch der Ursprung kultureller, sozialer und moralischer Werte. Gemeinschaft bot Sicherheit, Geborgenheit und ein Gefühl der Zugehörigkeit.

Doch in der modernen Welt scheint die Bedeutung der Gemeinschaft zu verblassen, verdrängt von einem Individualismus, der Freiheit und Selbstverwirklichung über alles stellt. Diese Verschiebung hat tiefgreifende Auswirkungen auf das Denken, Handeln und die Strukturen unserer Gesellschaft.

Der Wandel von Solidarität zu Individualismus

Die Geschichte der Gemeinschaft ist auch die Geschichte ihrer Veränderung. In der vorindustriellen Gesellschaft war das Leben des Einzelnen eng mit dem der Gruppe verflochten. Familien, Dörfer und Stämme bildeten das soziale Gefüge, in dem jeder eine Rolle spielte und zur Gemeinschaft beitrug. Solidarität war keine Wahl, sondern eine Notwendigkeit. Die Abhängigkeit voneinander schuf ein Netz des Vertrauens und der Verantwortung.

Mit der Industrialisierung und der zunehmenden Mobilität des Menschen begann sich dieses Bild zu wandeln. Die wirtschaftliche Entwicklung führte zu einer Individualisierung, die den Einzelnen aus den Zwängen der traditionellen Gemeinschaft befreite, ihm aber gleichzeitig die Last der Selbstverantwortung aufbürdete. Der Individualismus versprach Freiheit – Freiheit, über das eigene Leben zu entscheiden, Träume zu verwirklichen und den eigenen Weg zu gehen. Doch diese Freiheit ging mit einer schleichenden Erosion der Solidarität einher.

Die Illusion der Unabhängigkeit

Der Individualismus, wie er heute verstanden wird, basiert auf der Illusion der Unabhängigkeit. Die moderne Welt suggeriert, dass der Einzelne alles erreichen kann, wenn er nur genug Einsatz zeigt. Diese Vorstellung fördert den Glauben, dass man niemanden braucht und allein durch eigene Anstrengung erfolgreich sein kann. Doch diese Illusion ignoriert die grundlegende menschliche Natur: Der Mensch ist ein soziales Wesen, das in Gemeinschaften gedeiht.

Die Verdrängung der Gemeinschaft durch den Individualismus hat weitreichende Konsequenzen. Sie führt zu Isolation, Einsamkeit und einem Verlust von sozialen Bindungen. Studien zeigen, dass das Gefühl der Verbundenheit ein entscheidender Faktor für das Wohlbefinden ist. Doch in einer Gesellschaft, die den Wettbewerb über die Kooperation stellt, wird dieses Gefühl zunehmend selten. Die Betonung der individuellen Leistung führt zu einem ständigen Vergleich mit anderen, der oft in Neid und Missgunst mündet.

Die Erosion der Solidarität

Solidarität ist das Fundament jeder funktionierenden Gemeinschaft. Sie basiert auf dem Bewusstsein, dass das Wohl des Einzelnen untrennbar mit dem Wohl der Gruppe verbunden ist. Doch in einer individualistischen Gesellschaft wird dieses Bewusstsein oft verdrängt. Die Fokussierung auf das eigene Wohl und die eigene Karriere lässt wenig Raum für Empathie und Mitgefühl.

Diese Entwicklung zeigt sich in vielen Bereichen des Lebens. In der Arbeitswelt wird der Erfolg des Einzelnen oft über das Wohl des Teams gestellt. Im sozialen Umfeld führt die Betonung der Selbstverwirklichung dazu, dass Gemeinschaften auseinanderfallen. Selbst in der Politik zeigt sich die Tendenz, individuelle Interessen über das Gemeinwohl zu stellen. Die Erosion der Solidarität schwächt nicht nur die Gemeinschaft, sondern auch die Gesellschaft als Ganzes.

Ein Plädoyer für Gemeinschaft

Die Bedeutung der Gemeinschaft kann nicht überschätzt werden. Sie ist nicht nur ein soziales Konstrukt, sondern ein grundlegendes menschliches Bedürfnis. Gemeinschaft bietet nicht nur Schutz und Sicherheit, sondern auch eine Quelle der Inspiration und des Lernens. Sie fordert den Einzelnen heraus, Verantwortung zu übernehmen und sich für andere einzusetzen. In der Gemeinschaft findet der Mensch nicht nur seine Identität, sondern auch seinen Sinn.

Dieses Kapitel soll ein Bewusstsein für die Bedeutung von Gemeinschaft schaffen und dazu ermutigen, die Balance zwischen Individualismus und Solidarität neu zu denken. Der Individualismus hat unbestreitbare Vorteile, doch er darf nicht auf Kosten der Gemeinschaft gehen. Es ist möglich, ein Leben zu führen, das sowohl individuell als auch solidarisch ist – ein Leben, das die Freiheit des Einzelnen mit der Verantwortung für das Ganze verbindet.

Die Herausforderung besteht darin, den Wert der Gemeinschaft wiederzuentdecken und Wege zu finden, sie in einer zunehmend individualisierten Welt zu bewahren. Denn letztlich ist es die Gemeinschaft, die uns verbindet, uns stärkt und uns zeigt, dass wir, trotz aller Unterschiede, aufeinander angewiesen sind.

Der Weg in die Zukunft

Die Menschheit steht an einem Scheideweg. In einer Welt, die von Informationsfluten, technologischen Umwälzungen und sozialen Spannungen geprägt ist, scheint das Denken in eine Starre verfallen zu sein. Doch dieser Zustand des Stillstands ist kein unausweichliches Schicksal.

Der Mensch besitzt die einzigartige Fähigkeit, sich selbst zu reflektieren, seine Fehler zu erkennen und neue Wege einzuschlagen. Der Ausbruch aus der Lähmung des Denkens ist möglich – er erfordert jedoch Mut, Kreativität und eine Rückbesinnung auf die Werte, die das Denken einst beflügelten.

Die Macht der Selbstreflexion

Der erste Schritt in eine neue Zukunft beginnt mit der Selbstreflexion. Der Mensch muss sich der Mechanismen bewusst werden, die sein Denken hemmen. Dazu gehört die Erkenntnis, wie Bequemlichkeit, Routine und gesellschaftliche Strukturen die Fähigkeit zur kritischen Auseinandersetzung untergraben haben. Es erfordert Ehrlichkeit, sich einzugestehen, dass der Stillstand des Denkens oft aus einer inneren Trägheit heraus entsteht.

Selbstreflexion ist kein einfacher Prozess. Sie verlangt Zeit und die Bereitschaft, sich mit unbequemen Wahrheiten auseinanderzusetzen. Doch sie ist der Schlüssel, um die Ketten des Stillstands zu sprengen. Wer sich selbst hinterfragt, öffnet die Tür zu neuen Perspektiven und Möglichkeiten. Diese Fähigkeit, sich selbst in Frage zu stellen, ist es, die den Menschen von anderen Lebewesen unterscheidet – und sie ist der erste Schritt auf dem Weg in die Zukunft.

Die Wiederentdeckung der Neugier

Neugier ist der Motor des Denkens. Sie treibt den Menschen an, das Unbekannte zu erkunden, Fragen zu stellen und Antworten zu suchen. Doch in einer Welt, die auf Effizienz und Produktivität ausgerichtet ist, wurde die Neugier oft zugunsten von Routinen und vorgefertigten Lösungen geopfert. Der Mensch muss lernen, diese Neugier wiederzuentdecken und zu pflegen.

Dies bedeutet, sich die Freiheit zu nehmen, Fehler zu machen und Umwege zu gehen. Innovation entsteht nicht aus der Angst vor dem Scheitern, sondern aus der Bereitschaft, Risiken einzugehen. Neugier erfordert Mut, denn sie führt oft in Bereiche, die ungewohnt und unbequem sind. Doch gerade diese Bereitschaft, das Bekannte zu verlassen und das Neue zu umarmen, ist der Kern des Denkens, das den Stillstand überwinden kann.

Die Kraft der Gemeinschaft

Obwohl der Ausbruch aus dem Stillstand des Denkens oft als individueller Akt verstanden wird, darf die Rolle der

Gemeinschaft nicht unterschätzt werden. Der Austausch von Ideen, das gemeinsame Suchen nach Lösungen und die gegenseitige Inspiration sind essenziell, um neue Wege zu finden. Gemeinschaft schafft einen Raum, in dem unterschiedliche Perspektiven aufeinandertreffen und sich gegenseitig bereichern können.

In einer fragmentierten Gesellschaft ist es jedoch notwendig, diesen Raum bewusst zu schaffen. Dies erfordert Empathie, Toleranz und den Willen, über Unterschiede hinweg zu kooperieren. Die Zukunft des Denkens liegt nicht in der Isolation, sondern in der Zusammenarbeit. Nur gemeinsam kann die Menschheit die Herausforderungen bewältigen, die vor ihr liegen, und eine neue Ära des Denkens einleiten.

Die Rückkehr zur Reflexion

Ein weiterer entscheidender Schritt auf dem Weg in die Zukunft ist die Rückkehr zur Reflexion. In einer Welt, die von Geschwindigkeit und ständiger Ablenkung geprägt ist, wurde die Fähigkeit zur tiefen Auseinandersetzung mit Ideen oft vernachlässigt. Doch Reflexion ist die Grundlage für jede Form von Erkenntnis. Sie erfordert Zeit, Ruhe und die Bereitschaft, sich mit komplexen Fragen auseinanderzusetzen.

Die Rückkehr zur Reflexion bedeutet, den Wert der Langsamkeit wiederzuentdecken. Es bedeutet, sich die Zeit zu nehmen, um nachzudenken, statt sofort zu reagieren. Es bedeutet auch, sich den Raum zu schaffen, um zu träumen, zu hinterfragen und zu experimentieren. Reflexion ist kein Luxus, sondern eine Notwendigkeit, um die Welt und die eigene Rolle in ihr zu verstehen.

Ein Plädoyer für den Aufbruch

Der Weg in die Zukunft ist keine vorgegebene Straße, sondern ein Pfad, den der Mensch selbst gestalten muss.

> Dieses Kapitel soll nicht nur die Herausforderungen aufzeigen, sondern auch dazu ermutigen, die Chancen zu erkennen. Der Stillstand des Denkens ist kein endgültiger Zustand, sondern eine Einladung, neu zu beginnen.

Der Mensch hat die Fähigkeit, sich zu verändern, sich zu entwickeln und neue Horizonte zu erschließen. Indem er sich selbst reflektiert, seine Neugier wiederentdeckt, die Kraft der Gemeinschaft nutzt und zur Reflexion zurückkehrt, kann er die Grenzen des Denkens überwinden und eine Welt schaffen, die von Kreativität, Weisheit und Mitgefühl geprägt ist.

Die Zukunft des Denkens liegt in unseren Händen. Sie erfordert den Mut, alte Muster zu durchbrechen, und die Bereitschaft, sich auf das Unbekannte einzulassen. Doch sie bietet auch die Möglichkeit, das Denken neu zu beleben und eine Welt zu gestalten, die nicht von Stillstand, sondern von Fortschritt und Menschlichkeit geprägt ist.

Über den Autor

Lutz Spilker wurde im Jahre 1955 in Duisburg geboren.

Bevor er zum Schreiben von Romanen und Dokumentationen fand, verließen bisher unzählige Kurzgeschichten, Kolumnen und Versdichtungen seine Feder.

In seinen Büchern befasst er sich vorrangig mit dem menschlichen Bewusstsein und der damit verbundenen Wahrnehmung. Seine Grenzen sind nicht die, welche mit der Endlichkeit des Denkens, des Handelns und des Lebens begrenzt werden, sondern jene, die der empirischen Denkform noch nicht unterliegen.

Es sind die Möglichkeiten des Machbaren, die Dinge, welche sich allein in der Vorstellung eines jeden Menschen darstellen und aufgrund der Flüchtigkeit des Geistes unbewiesen bleiben. Die Erkenntnis besitzt ihre Gültigkeit lediglich bis zur Erlangung einer neuen und die passiert zu jeder weiteren Sekunde.

Die Welt von Lutz Spilker beginnt dort, wo zu Beginn allen Seins nichts Fassbares war, als leerer Raum. Kein Vorne, kein Hinten, kein Oben und kein Unten. Kein Glaube, kein Wissen, keine Moral, keine Gesetze und keine Grenzen. Nichts.

In Lutz Spilkers Romanen passieren heimtückische Morde ebenso wie die Zauber eines Märchens. Seine Bücher sind oftmals Thriller, Krimi, Abenteuer, Science Fiction, Fantasy und selbst Love-Story in einem.

»Ich liebe die Sprache: Sie vermag zu streicheln, zu liebkosen und zu Tränen zu rühren. Doch sie kann ebenso stachelig sein, wie der Dorn einer Rose und mit nur einem Hieb zerschmettern.«

In dieser Reihe sind bisher erschienen

Die Erfindung der Langeweile
Die Erfindung des Menschen
Die Erfindung des Geldes
Die Erfindung des Teufels
Die Erfindung des Erfolgs
Die Erfindung der Sterblichkeit
Die Erfindung der Lüge
Die Erfindung der Freiheit
Die Erfindung des Todes
Die Erfindung der Welt
Die Erfindung des Inselmenschen
Die Erfindung der Zeit
Die Erfindung der Seele
Die Erfindung der Politik
Die Erfindung des Gewissens
Die Erfindung der Religion
Die Erfindung der Schuld
Die Erfindung der Gerechtigkeit
Die Erfindung des Friedens
Die Erfindung des Selbstgesprächs
Die Erfindung der Zukunft
Die Erfindung der Pornographie
Die Erfindung der Verschwendung
Die Erfindung des Erwachsenseins
Die Erfindung der Hölle
Die Erfindung der Überbevölkerung
Die Erfindung des Himmels
Die Erfindung der Monarchie
Die Erfindung der Unterhaltung
Die Erfindung der Sprache

Die Erfindung der Musik
Die Erfindung der Wiedergeburt
Die Erfindung des Zufalls
Die Erfindung der Namen
Die Erfindung des Bewusstseins
Die Erfindung des freien Willens
Die Erfindung des Wahrsagens
Die Erfindung der Körpersprache
Die Erfindung des Schlafs
Die Erfindung der Sklaverei
Die Erfindung der Angst
Die Erfindung der Vernunft
Die Erfindung des Vollmonds
Die Erfindung des Vitamin B
Die Erfindung des Make-Up
Die Erfindung des Weihnachtsfestes
Die Erfindung des Ku-Klux-Klan
Die Erfindung des Träumens
Die Erfindung der Flaschenpost
Die Erfindung der Mafia
Die Erfindung der politischen Parteien
Die Erfindung der Freimaurer
Die Erfindung der Freibeuter
Die Erfindung der Raumfahrt
Die Erfindung der Tempelritter
Die Erfindung des ADHS-Syndroms
Die Erfindung der Homöopathie
Die Erfindung der Freizeitparks
Die Erfindung des Werwolfs
Die Erfindung des Astralkörpers
Die Erfindung des Zölibats
Die Erfindung des Herkules
Die Erfindung des Vampirs
Die Erfindung der Philosophie

Die Erfindung des Bieres

Die Erfindung der Geister

Die Erfindung des Ungeheuers von Loch Ness

Die Erfindung der Prä-Astronautik

Die Erfindung des Voodoo

Die Erfindung des Stierkampfs

Die Erfindung des Sinns des Lebens

Die Erfindung des Einhorns

Die Erfindung von Atlantis

Die Erfindung des Gähnens

Die Erfindung der Bundeslade

Die Erfindung der Ehe

Die Erfindung der 10 Gebote

Die Erfindung des Robin Hood

Die Erfindung des Autoritätsgehorsams

Die Erfindung der Popkultur

Die Erfindung des Urknalls

Die Erfindung des Rauchens

Die Erfindung des Alphabets

Die Erfindung der totalen Kontrolle

Die Erfindung der Langeweile - Neuauflage

Die Erfindung der Schlacht um Troja

Die Erfindung des Sandmännchens

Die Erfindung des Mannes mit der eisernen Maske

Die Erfindung der Indianer

Die Erfindung des Plato mit Strom

Die Erfindung des Untergangs des Denkens

FSC
www.fsc.org
MIX
Papier | Fördert
gute Waldnutzung
FSC® C083411

Zeitfracht Medien GmbH
Ferdinand-Jühlke-Straße 7
99095 Erfurt, Deutschland
produktsicherheit@kolibri360.de